泉城潮涌

中国式现代化的济南故事

『中国式现代化的故事』丛书·特色城市辑

张占斌 总主编

中共济南市委组织部 中共济南市委党校（济南行政学院） 编著

国家行政学院出版社
NATIONAL ACADEMY OF GOVERNANCE PRESS

中央党校出版社集团
国家行政学院出版社

图书在版编目（CIP）数据

泉城潮涌：中国式现代化的济南故事 / 中共济南市委组织部, 中共济南市委党校（济南行政学院）编著. 北京：国家行政学院出版社, 2024. 12. --（中国式现代化的故事 / 张占斌主编）. -- ISBN 978-7-5150-2917-7

Ⅰ. F299.275.21

中国国家版本馆CIP数据核字第2024UU7431号

书　　名	泉城潮涌——中国式现代化的济南故事
	QUANCHENG CHAOYONG——ZHONGGUOSHI XIANDAIHUA DE JINAN GUSHI
作　　者	中共济南市委组织部　中共济南市委党校（济南行政学院）　编著
统筹策划	胡　敏　刘韫劼　王　莹
责任编辑	王　莹　马　跃
责任校对	许海利
责任印刷	吴　霞
出版发行	国家行政学院出版社
	（北京市海淀区长春桥路6号　100089）
综 合 办	（010）68928887
发 行 部	（010）68928866
经　　销	新华书店
印　　刷	北京新视觉印刷有限公司
版　　次	2024年12月北京第1版
印　　次	2024年12月北京第1次印刷
开　　本	170毫米×240毫米　16开
印　　张	15
字　　数	190千字
定　　价	80.00元

本书如有印装问题，可联系调换。联系电话：（010）68929022

编委会

主　　任：陈　阳

副 主 任：刘国亭　扈书乘

成　　员：王玉跃　赵玉红　杨洪涛　东广明

　　　　　张　讯　张爱军　昌业云　姜　珲

　　　　　李文水　石　磊　马军卫

主　　编：扈书乘

统筹主编：杨洪涛

执行主编：张　讯

市情顾问：惠铭生

出版说明

　　党的二十大报告指出，从现在起，中国共产党的中心任务就是团结带领全国各族人民全面建成社会主义现代化强国、实现第二个百年奋斗目标，以中国式现代化全面推进中华民族伟大复兴。习近平总书记在中央党校建校 90 周年庆祝大会暨 2023 年春季学期开学典礼上的讲话中首次创造性提出"为党育才、为党献策"的党校初心。紧扣党的中心任务，践行党校初心，中央党校出版集团国家行政学院出版社和中央党校（国家行政学院）中国式现代化研究中心特别策划"中国式现代化的故事"丛书，邀请地方党校（行政学院）、宣传部门、新闻媒体、行业企业等方面共同参与策划和组织编写，从不同层次、不同维度、不同视角讲述中国式现代化的地方故事、企业故事、产业故事，生动展示各个地区、各个领域在大力拓展中国式现代化新征程上的理念创新、实践创新、制度创新、文化创新等，精彩呈现当代中国以中国式现代化全面推进中华民族伟大复兴的宏大历史叙事，以讲好中国式现代化的故事来讲好中国故事。

　　该丛书力求体现这样几个突出特点：

　　其一，文风活泼，以白描手法代入鲜活场景。本丛书区别于一般学术论著或理论读物严肃刻板的面孔，以生动鲜活的题材、清新温暖的笔触、富有现场感的表达和丰富精美的图片，将各地方、企业推进中国式现代化建设的理论思考、战略规划、重要举措、实践路径等向读者娓娓道来，使读者在沉浸式的阅读体验中获得共鸣、引发思考、受到启迪。

其二，视野开阔，以小切口反映大主题。丛书中既有历史人文风貌、经济地理特质的纵深概述，也有改革创新举措、转型升级案例的细节剖解，既讲天下事，又讲身边事，以点带面、以小见大，用故事提炼经验，以案例支撑理论，从而兼顾理论厚度、思想深度、实践力度和情感温度。

其三，层次丰富，以一域之光映衬全域风采。丛书有开风气之先的上海气度，也有立开放潮头的南粤之声；有沉稳构筑首都经济圈的京津冀足音，也有聚力谱写东北全面振兴的黑吉辽篇章；有在长江三角洲区域一体化发展中厚积薄发的安徽样板，也有在成渝地区双城经济圈中走深走实的川渝实践；有生态高颜值、发展高质量齐头并进的云南画卷，也有以"数"为笔、逐浪蓝海的贵州答卷；有"强富美高"的南京路径，也有"七个新天堂"的杭州示范……。丛书还将陆续推出各企业、各行业的现代化故事，带读者领略中国式现代化的深厚底蕴、辽阔风光和壮美前景。

"中国式现代化的故事"丛书既是各地方、企业推进中国式现代化建设充满生机活力的形象展示，也是以地方、企业发展缩影印证中国式现代化理论科学性的多维解码。希望本丛书的出版，能够为各地方、企业搭建学习交流平台，将一地一域的现代化建设融入全面建设社会主义现代化国家的大局，步伐一致奋力谱写中国式现代化的历史新篇章。

国家行政学院出版社

"中国式现代化的故事"丛书策划编辑组

总　序

　　党的二十大擘画了全面建成社会主义现代化强国、以中国式现代化全面推进中华民族伟大复兴的宏伟蓝图。中国式现代化是前无古人的开创性事业，是强国建设、民族复兴的康庄大道。回顾过去，中国共产党带领人民艰辛探索、铸就辉煌，用几十年时间走完西方发达国家几百年走过的工业化历程，创造了经济快速发展和社会长期稳定的两大奇迹，实践有力证明了中国式现代化走得通、行得稳；面向未来，在以习近平同志为核心的党中央坚强领导下，各地方各企业立足各自的资源禀赋、区位优势和产业基础、发展规划，精心谋划、奋勇争先，在推进中国式现代化过程中将展现出一系列生动场景，一步一个脚印地把美好蓝图变为现实形态。

　　中国式现代化，是中国共产党领导的社会主义现代化，既有各国现代化的共同特征，又有基于自己国情的中国特色。中国式现代化，是人口规模巨大的现代化，是全体人民共同富裕的现代化，是物质文明和精神文明相协调的现代化，是人与自然和谐共生的现代化，是走和平发展道路的现代化。这五个方面的中国特色，不仅深刻揭示了中国式现代化的科学内涵，也体现在不同地方、企业推进现代化建设可感可知可行的实际成果中。中国式现代化理论为地方、企业现代化的实践探索提供了不竭动力，地方、企业推进中国式现代化建设的成就也印证了中国现代化道路行稳致远的时代必然。

为讲好中国式现代化的故事，更加全面、立体、直观地呈现中国式现代化的丰富内涵和万千气象，中央党校（国家行政学院）中国式现代化研究中心和中央党校出版集团国家行政学院出版社联合策划推出"中国式现代化的故事"丛书，展现各地方、企业等在着眼全国大局、立足地方实际、发挥自身优势，推进中国式现代化建设上的新突破新作为新担当，总结贯穿其中的完整准确全面贯彻新发展理念、构建新发展格局、推动高质量发展的新理念新方法新经验。我们希望该系列丛书一本一本地出下去，能够为各地更好推进中国式现代化建设以启迪和思考，为以中国式现代化全面推进中华民族伟大复兴凝聚更加巩固的思想基础，为进一步推进中国式现代化的新实践、书写中国式现代化的新篇章汇聚磅礴力量。

中央党校（国家行政学院）中国式现代化研究中心主任

2023 年 10 月

在故事里读懂济南

济南，这座拥有悠久历史和灿烂文化的古老城市，历史与现代纵横交织，有太多独有的故事值得被大家知晓。

为何老舍先生对济南如此情长？为何在《中国新闻周刊》发布的 2022 "年度影响力榜单"中，济南被评为唯一的年度城市？为何济南连续三年获评"中国最佳引才城市"，连续四年在全国文明城市年度测评中连续四年位列省会、副省级城市组别第一名，短短几年时间一跃成为高质量发展十大标杆城市、高质量发展营商环境最佳城市、国际化营商环境建设标杆城市？

硬实力与软实力兼具，飞速发展的新济南令人刮目相看。越来越多的人从开始注意济南到走近济南、了解济南，进而期待从一个个生动鲜活的济南故事里寻找到"为何"的答案。本书尝试从海量信息里抓取到典型性视角、标志性事件，以寻找洞察济南的全新出口。

从历史中走来，我们能够更深切地感受到这座城市向下扎根和向上生长的发展轨迹——

她是一座"老城"。作为第二批国家历史文化名城，拥有 2600 多年建城史和 4000 多年文明史，文化底蕴深厚。在这里，龙山文化、大舜文化、齐鲁文化、红色文化、黄河文化、泉水文化、名士文化、二安文化交相辉映。从这里，走出过李清照、辛弃疾、张养浩等历史文化名人。

她是一座"新城"。开放包容的基因自古有之，成为中国近代史上第一个主动自开商埠的内陆城市。领风气之先的精神传承至今，锚定"走在前、开新局"，加快建设"强新优富美高"新时代社会主义现代化强省会，努力在山东绿色低碳高质量发展先行区建设中当好引领示范。

她是独一无二的"泉城"。南依泰山、北临黄河，因泉而生、泉城共生，城垣外廓山势恢宏，城内小桥流水隽永。融"山泉湖河城"于一体的自然禀赋，造就了她集北方雄浑和江南婉约于一身的独特风貌。

新时代的新济南，向着"强省会"的目标疾行，循着中国式现代化建设的蓝图飞驰，变得更有底气、更具韵味、更富魅力。正是基于上述维度，本书通过几个方向展开"济南故事"的评说——

洞察大势、把握机遇，方能牢牢把握发展主动权。正确认识和把握新的战略机遇，是准确识变、科学应变、主动求变的前提。处于重大国家战略交汇叠加历史机遇期的济南，正深入实施黄河重大国家战略，高起点推进济南都市圈规划建设，省会发展势能加快集聚。

破立之间，方能走好转型发展之路。济南立足全省发展大局，敢闯敢试、锐意改革，加快新旧动能转换，推动绿色低碳高质量发展，为国家试政策、为发展试路子，在"破"得彻底、"立"得牢固中凝聚共识，不断增强发展内生动力。

人间烟火气，最抚凡人心。济南是一座极富生活气息、奋斗气质的宜居宜业之城。"绿色"触手可及的美好生活，善行义举满城的文明高度，大城细管的"绣花针"式社会治理，托举起市民群众满满的获得感、幸福感、安全感。

"济南故事"，由千万济南人共同书写。本书就是要把这些精彩的济南故事集结起来，讲给更多人听，让大家读懂济南、品味济南、爱上济南。

陈阳

中共济南市委常委、组织部部长

中共济南市委党校（济南行政学院）校长（院长）

目　录

第一章　名泉名城

交相辉映的历史底蕴

一、舜耕历山，历史沉淀城市底色 / 2

二、趵突腾空，泉水滋养文脉绵长 / 19

三、敢为人先，自主开埠领风气之先 / 31

第二章　重大战略

交汇叠加的发展引力场

一、融入大局，从"大明湖时代"迈入"黄河时代" / 48

二、先行先试，为国家试政策、为发展试路子 / 66

三、瞄准"六字"，强省会战略站上"新风口" / 86

第三章 创新突破

激活澎湃涌动的发展动能

一、动能转换，"老树"开出芬芳"新花" / 102

二、向新而行，新动能奔赴星辰大海 / 115

三、以数而城，数字济南建设领先"新赛道" / 126

第四章 可感可及

人与自然和谐的共生实践

一、生态友好，写好黄河流域生态保护"大文章" / 138

二、绿水青山，济南人触手可及的小确幸 / 151

三、寻找"最优解"，绿色低碳进阶之路 / 160

第五章　向着人民

对美好生活的向往拾级而上

一、城市恒温，市民更有获得感 / 176

二、城市更新，古老济南焕发"新生" / 188

三、和美乡村，留住浓郁乡愁念好致富经 / 202

后　记

第一章

名泉名城
交相辉映的历史底蕴

2022 年济南的防疫核酸贴纸火了，从神医扁鹊，到民族英雄辛弃疾，再到"门神"秦琼，还有婉约派女词人李清照等，深受泉城市民追捧，甚至大家都在不遗余力地推荐下一个贴纸人物应该选谁了。市民们的一句"杠赛来，他们都是咱济南的"旁白，让泉城人民直呼"而立"！一张小小的核酸贴纸，让济南的名士文化呈现了新的生命力，展现了济南深厚的历史文化底蕴。

济南历史文化悠久、泉水禀赋独特、人文精神厚重，是中华文明的重要发祥地之一，是国家公布的首批历史文化名城，自古人才辈出、天赋地灵、风景秀丽，泉水文化成为济南的城市符号，丰富的历史文化资源则成为今天济南提升城市软实力的最大底气。

如果你问，中国式现代化济南实践有何特点？那济南人肯定会不假思索地告诉你，它是泉水的涓涓细流与泉城济南的现代气息交相呼应，它是"抬头即见舜"与中华文明道统传承的时代印记，它是由"被动中的主动"向"走在前的主动"转变的开拓精神，它是一条自然与人文相融合、文化与文明相统一、历史与现代相得益彰、破冰与领先始终如一的现代化新路。

一、舜耕历山，历史沉淀城市底色

2023年新春伊始，"超然楼亮灯"相关视频话题在各大网络平台爆红"出圈"。矗立在济南大明湖畔的超然楼，成为一波又一波游客的打卡地。每当夜幕降临，超然楼前的广场上便人头攒动，大量游客驻足在此，万千部手机静候着超然楼灯光亮起的一刻。春去秋来，被誉为"江北第一楼"的超然楼在网络平

夜幕下大明湖畔的超然楼（摄影 张泉刚）

台热度不减，"网红"楼俨然已变成"长红"楼，成为游客"泉城印象"中的重要元素。古色古香的超然楼，在灯光电、短视频的科技赋能下，焕发出新的生机，同时也强有力地投射出济南这座城市的历史文化底蕴。

济南南依泰山，泰山号称东岳，为五岳独尊；北跨黄河，黄河是中华民族的母亲河，在古代与济水、淮河、长江并称四渎。古城济南因居济水之南而得名。济南拥有 8000 多年泉水史、

万千部手机和超然楼一起亮起（摄影　王峰）

4600 多年文明史、2600 多年建城史，是史前文明的重要发祥地。城内泉水汩汩，几千年的文化传承，积淀了深厚的城市底蕴。1986 年，国务院公布首批历史文化名城名单，济南赫然在列。济南悠久的历史文化体现在方方面面，有着泉城、舜城、诗城、名士之城、书城、红色之城、自开商埠第一城等雅号，是五岳四渎"山水圣人"中华文化文明交流互鉴的核心所在。"处处有历史，步步有文化"这句话用来形容济南恰如其分。

（一）舜耕历山：文明的发祥地

史前的济南是中华文明的重要发祥地。早在八九千年前的新石器时代，济

南人就创造了山东境内最早的新石器文化——后李文化（距今约 8500 ～ 7500 年）。在今天济南市章丘区龙山镇龙山三村西北约 400 米处，有西河遗址，是后李文化的典型遗址之一，也是全国重点文物保护单位。而北辛文化（距今约 7300 ～ 6300 年）、大汶口文化（距今约 6300 ～ 4600 年）、龙山文化（距今约 4900 ～ 4100 年）、岳石文化（距今约 3900 ～ 3600 年）都可以在济南找到足迹，构成了齐鲁风韵的文化基底。

同属新石器时代的大汶口文化，在济南的遗址位于今天章丘龙山街道的焦家村，被称为焦家遗址。这里不仅有夯土城墙、护城壕沟，还出土了大量的玉器、陶器，对解决中国文明的起源和形成有着重要的意义。

焦家遗址南面 5 千米便是城子崖遗址，这是龙山文化最早被发现和命名的地方。龙山文化，是中国文明初期最重要的考古文化之一，分布在黄河中下游的山东、河南、山西、陕西等省份，而山东是其发源地。1928 年春天，考古学

城子崖遗址博物馆（摄影　黄中明）

家吴金鼎在济南章丘区龙山镇发现了举世闻名的城子崖遗址，龙山文化也因此得名。城子崖出土了一批非常精美的黑陶，这些黑陶有"黑如漆、亮如镜、薄如纸、硬如瓷"的美誉。它们的出现，证明了中国东部存在一个土生土长、不同于仰韶彩陶文化的黑陶文化。这一黑陶文化在许多方面与殷墟文化更加接近，否定了"中国文化西来"的假说，使济南市章丘区城子崖成为闻名于世的考古圣地。

龙山文化的后期，正是舜所生活的时代。舜是上古时期的帝王，根据司马迁《史记·五帝本纪》记载，舜为黄帝八世孙，他的父亲瞽叟是个盲人乐师，而他的母亲名为握登。根据张守节《史记正义》、司马贞《史记索隐》记载，握登在诸冯，即今山东诸城东13里的姚墟生下舜，子孙以地为姓，所以舜姓姚，又因为生于有虞氏部落，故称虞舜。

舜是尧的继承者，他的孝顺和智慧早就成为千古传颂的佳话。据传，舜的母亲早逝，父亲再娶后，生下了舜的弟弟象。虽然生父、继母和弟弟待他并不好，舜对他们仍旧待以孝悌仁义。帝尧在对舜进行仔细的考察后，选择他作为自己的接班人。在接受帝尧的禅让之前，舜游历四方，从事过很多行业。《史记·五帝本纪》记载："舜耕历山，渔雷泽，陶河滨，作什器于寿丘，就时于负夏。"其中，关于历山的具体位置，历史上有过许多争议。时至今日，国内有20余座名为历山的山。但经过学者的深入研究和考证，最终认定"舜耕历山"的历山就位于现今的济南。古称的历山，也就是现在济南古城南郊的千佛山。综合《管子》等先秦诸子书籍以及《史记》中的有关记载可知，历山原本的居民为了争夺田地常起冲突。然而，舜的出现改变了这一切。他以身作则，"善为民除害兴利"（《管子·治国》），"不取其利，以教百姓，百姓举利之"（《管子·版法解》）。在他的感化下，"历山之人皆让畔"（《史记·五帝本纪》），懂得了礼让为先。

除了早年耕作的历山，舜所疏浚的井泉也位于济南。据传说，济南原本是贫瘠之地，由于舜井泉群滋养的历水和起源于趵突泉的娥英水（得名于舜的妻子娥皇与女英）汇聚成湖泊和沼泽，滋润了这片土地。在舜的感化和教诲下，当地居民勤劳耕作，相互帮助，逐渐聚居起来。如传说中所述："一年成聚，二年成邑，三年成都。"这样，济南古城——历下，便悄悄崭露头角。因此，济南古城自古便有"舜城"的美誉。

如今的济南，大街小巷处处都有舜的遗迹。当年舜耕作的历山——千佛山上，不仅矗立着用以纪念他的舜祠和供奉尧、舜、禹的"三圣殿"，还有描绘尧帝访贤以及"舜耕历山""象耕鸟耘"的生动雕塑，以及叙述舜生平事迹的大舜石图园。站在千佛山上远眺，南方是舜帝祭祀的岱宗，而北边，则是环绕趵突泉的娥英祠，还有供奉尧、舜、禹的三圣殿。可以说，济南的每一处名胜古迹都深深沉浸在舜文化之中。更为值得一提的是，济南城内街道、社区、学校、大厦等的名称中，至少上千个都含有"舜"字，几乎是"抬头即可见舜"。

大舜石图园（摄影 孙广）

绿满千佛山（图片由济南市摄影家协会提供）

时至今日，舜井所在地已经变身为济南市的繁华地带，泉城广场上熙熙攘攘，泉城路旁楼宇林立。在这繁忙的都市脉络中，古老的舜井安静地伫立，默默守护着这座都市。它不仅代表了舜的德孝精神，更证明了这种精神已深深地扎根济南，生生不息。

龙山文化与大舜文化，如同双翼，它们共同构成了济南历史文化的滋养之源与坚固之基。近些年，龙山文化所属的 5 处遗迹被评为"全国十大考古新发现"，济南对龙山文化遗迹和龙山文化博物馆的 2.6 万件珍贵的馆藏文物，都给予了深入的挖掘和精心的保护。其中，龙山文化博物馆的建立，更成为城市的一大文化地标。济南始终秉持文化遗产活化利用与传承创新的原则，使龙山文化博物馆成为一个巨大的文化集群，汇聚了城子崖、焦家、东平陵故城、洛庄汉王陵和危山汉墓等多个重要的文化元素。

舜井（摄影 常德宝）

在中国式现代化的进程中，济南始终将弘扬龙山文化与大舜文化作为其核心使命，积极推动以龙山文化与大舜文化为主题的历史文化深度挖掘、保护、活化与创新、研究解读及共建与共赏。这也使济南在推动中华优秀传统文化创造性转化、创新性发展中持续走在前列。

（二）底蕴深厚：历史文化名城

济南素有"泉城"之誉。这座城市由水孕育，得天独厚的山水风光更是为其锦上添花。据《春秋》记载，鲁桓公与齐襄公的会晤地点，很可能便是泺水畔的济南古城，位于齐国境内与鲁国交界的地方。在春秋时期，济南被称为泺邑。这也说明了济南古城在周朝时就已存在，它有着2600多年的建城史。济南的建设离不开泉水，而城里的居民也喜欢沿泉水而居。泉水汩汩，源源不断地从城市的各处涌出，汇聚成湖、河。特别是在水量充沛的时节，泉水所在之处仿佛成了水墨画卷。古往今来，无数文人墨客对济南的泉水纷纷唱赞。时光荏苒，留下的是济南深厚的泉水文化，其中包括了丰富的咏泉诗歌、动人的泉水传说，以及与泉水相伴而生的众多生活习俗。

济南是"文学之城"。秦始皇"焚书坑儒"之际，济南的伏生不畏强权，

泉水人家（摄影 李尤荣）

冒着生命危险秘密保存了《尚书》。到了汉代初期，伏生将《尚书》传播于齐鲁两地，并献给朝廷，为两汉文经学打下了坚实基础。伏生，是济南的人文标志，2000多年来持续激发着济南在文教和学术领域的不断发展。正如元代学者程文在《遂闲堂记》中所述："济南同东海并为一郡，地貌崇高、水域辽阔，当地人性质敦厚、胸怀壮志，并有崇高的道德风尚。自伏生起，以经学开创教化，使当地风气更加崇尚文儒，这一传统自古便有盛誉。"历史长河中的济南，儒学盛行，才子辈出。曾在齐州（今济南）任职的曾巩，称济南自古就是"文学之城"。

济南是古代闻名的"书城"。在二十四部正史中，有九部由济南人主持或参与编纂。其中，唐代的济南学者房玄龄以宰相监修《周书》《北齐书》《隋书》《晋书》《梁书》《陈书》；而元代的济南人张起岩任总裁官，主持编纂了《辽史》《宋史》《金史》。除了这些正史，济南的学者在地方志的编纂上也有着卓越的贡献，如于慎行的《兖州府志》和周永年等的《乾隆历城县志》。此外，济南还有

一城山色半城湖（摄影 张泉刚）

一系列在古籍整理与保存上的重要人物和事迹。例如，张尔岐对古籍的深入整理，马国翰对遗失的群书的辑佚，以及周永年建创的"儒藏"观念并创立了中国历史上第一家公共图书馆——"借书园"。再如，布政司街和后宰门街上的众多刻书铺，以及丁宝桢创办的山东最早的官书局——山东书局，都印证了济南作为著名"书城"的独特地位。

济南还是享誉天下的"诗城"。在济南文化研究上颇有建树的著名学者徐北文先生曾在《济南竹枝词》中充满赞美地写道："才华横溢泉三股，字吐珠玑水百泓。多少诗人生历下，泉城自古是诗城。"济南最早的诗篇，可溯至《诗经》中的《大东》一诗。该诗出自谭国大夫，而谭国旧址在今济南市城子崖附近。之后，济南涌现出众多杰出的诗人和词人，在文坛上负有盛名的，如唐代的崔

融、宋代被誉为"济南二安"的李清照和辛弃疾，还有元代的杜仁杰、张养浩，明代的边贡、李攀龙、李开先，清代的王士祯、田雯、蒲松龄等。此外，北宋前期的"东州逸党"，明代以边贡、李攀龙为首的历下诗派，以李开先为核心的章丘富文堂词会，清初王士祯的明湖秋柳诗社，以及清中叶持续30余年的大明湖鸥社，都是具有鲜明地域特色的诗歌流派和文学团体，它们在很大程度上展现了济南文化的形象和风格。

济南还拥有悠久的佛教文化传承。早在前秦时期，僧侣竺僧朗曾在济南历城县柳埠镇东北的通天峪建立了一座寺庙，这座寺庙后来被称为朗公寺。隋文帝时期，寺庙得到了重修，并因隋文帝得神通感应，于隋开皇三年（公元583年）更名为神通寺。神通寺是山东早期规模较大的佛教寺院之一。在寺庙附近的白虎山崖上，保存着唐代时期开凿的千佛崖造像，其中包括 100 多个大小窟龛和 220 尊佛像，是山东地区唐代石刻造像艺术的主要遗存。神通寺东侧的青龙山上，还有一座建于大业七年（公元 611 年）的四门塔，它是中国现存最早的全石结构佛教塔，被视为中国古代建筑的珍贵遗产。除此之外，济南的千佛山、佛慧山、玉函山等地都分布着古代不同时期建立的寺庙，这些寺庙的石壁上刻有各式各样精美的佛像，呈现丰富多彩的造型，它们都是佛教文化的重要传承和珍贵遗存。

济南拥有悠久的工商业文化历史。古代济南曾是都市经济繁荣的典范，而近代则成为商埠经济繁盛之地，其独特的商业文化成为我国商业文化不可或缺的部分。汉代，济南是全国冶铁中心之一，冶铁业高度发达。《汉书·地理志》记载："济南郡东平陵有工官，历城有铁官。"工官和铁官是负责管理和税收的机构。当时在全国只有 8 个地区设有工官，济南郡便居其一。这一事实展现了济南手工业和冶铁业在当时全国范围内的卓越地位和影响力。而济南的铁器制造传统一直延续至今，章丘仍然享有"铁匠之乡"的美誉。北宋时期，济南的都市经济进一步繁荣。

北宋"济南刘家功夫针铺"的商标铜版

中国历史博物馆收藏的北宋"济南刘家功夫针铺"的商标铜版，是我国乃至世界现存最早的商标和广告，为国家一级文物。

济南自古以来一直是中国北方重要的演艺中心，因而享有"曲山艺海"和"书山曲海"的美誉。考古发现，济南章丘的女郎山东周墓群战国一号大墓出土的彩绘乐舞陶俑，以及无影山汉初墓地的乐舞陶俑，都清楚地表明早在战国秦汉时期，济南的俗乐已经呈现繁荣的景象。宋、金两朝相继灭亡，许多京师汴梁的宫廷和民间艺人都流落到了"风景这边独好"的济南，所以当时的济南，"乐府皆京国之旧"。元代，济南成为散曲和戏剧的重要发源地。济南籍的散曲大家包括杜仁杰、刘敏中、张养浩，而剧作家则有武汉臣、岳伯川等。关汉卿和王实甫等剧作家也曾在济南从事过戏剧创作和实践活动。民国时期，济南与北京、天津并称为中国曲艺的"三大码头"。当时在业内流传着一句俗语，叫作"北京拜师，天津练活儿，济南踢门槛"，显示出济南在曲艺领域的卓越地位。

济南有着丰富的中药文化。根据学者的考证，扁鹊的出生地位于今天的济南长清。扁鹊开创了望、闻、问、切四诊合参诊法，被誉为中医理论的奠基者。济南还是中医药的重要发源地。"圣药"阿胶的主产地就在济南，而近代的济南药市会又是中国北方的三大药市会之一。创立于1907年的宏济堂，更是享誉海内外的中药店。

济南是中国饮食文化的名城。古代中国酒文化的奇葩"碧筒饮"起源于北魏时期济南的使君林，唐代段成式赞其"酒味杂莲气，香冷胜于水"。据记载，北方饮茶始于唐代开元年间的灵岩寺。济南菜古称历下菜，是构成中国鲁菜的两大支系之一，以明湖蒲菜为主要食材，能制作许多济南名菜，其中奶汤蒲菜更享有"济南第一汤菜"的美誉。济南饮食文化丰富多彩，为中国的传统美食增添了独特的风采。

济南还有厚重的黄河文化。1855年，黄河从今属河南兰考县的铜瓦厢决口，夺大清河入海，济水彻底消失，从此便有了济南黄河。济南作为山东黄河流域的中心城市之一，深受黄河文化滋养。随着黄河流域生态保护和高质量发展重大国家战略的提出，深入挖掘、保护和利用好黄河历史文化资源，唱好新时代"黄河之歌"，讲好新时代"黄河故事"，日益成为济南地域文化发展中的重要组成部分。

以文兴城，以文塑城。当文化"两创"融入济南人的日常生活，济南传承与革新的齿轮就从未停止转动。超然楼的迅速走红，植根于济南对优秀传统文化的尊崇与敬意，也是济南传统文化"两创"不断实践探索的一个缩影。可以说，是文化与创意的"双向奔赴"造就了济南的"网红"气质。

两年来，济南火"出圈"的文旅 IP 不胜枚举，比如把传统与现代结合的经三路老商埠、宽厚里、芙蓉街、黑虎泉等。此外，济南启动非遗名城建设行动，推进泉水文化生态保护试验区、非遗教育体系建设，开展非遗创意设计大赛等活动，让非遗"热"起来。济南打造"博物馆之城"，推进"泉·城文化景观"申遗，让文物"活"起来。当传统文化走进现代生活，优秀传统文化的历史底蕴与独特魅力，将被赋予新的内涵，历久弥新。近几年，济南加快推进文化"两创"，文化软实力不断增强，文化自信成为城市发展的底色。在中国式现代化的道路上，济南正全力奔赴。

（三）红色之城：红色基因代代传

济南革命历史悠久，革命文物资源丰富，是一座有着深厚革命精神和历史文化的红色之城。

说起济南的红色历史，不得不提王尽美和邓恩铭两位伟大的烈士。公元745 年，唐代著名诗人杜甫曾在济南留下千古名句："海右此亭古，济南名士多。"1961 年，中国共产党的创始人之一董必武，写下了"济南名士知多少？君与恩铭不老松！"的诗句，表达了对从济南这片红色热土上走出的中共一大代表王尽美、邓恩铭两位昔日战友的怀念。1921 年春，济南共产党早期组织成立，王尽美和邓恩铭是第一批成员，这也让济南成为建立共产党早期组织的 6 个城市之一，在中国共产党早期历史上占有重要地位。1921 年 6 月底，王尽美与邓恩铭作为山东早期共产党组织的代表从济南出发前往上海，参加中国共产党第

王尽美、邓恩铭雕像纪念广场（摄影　郝友杰）

一次全国代表大会。大会闭幕后，王尽美、邓恩铭回到山东，带回了红色火种，在齐鲁大地播撒，点燃了理想与信仰之光。他们一直领导着山东地区党的工作。然而，由于工作繁忙和生活不规律，王尽美感染了肺结核，于1925年8月19日病逝于青岛，年仅27岁。邓恩铭在1927年8月担任中共山东省委书记。1929年1月9日，由于叛徒的出卖，邓恩铭被捕。1931年4月5日，在济南纬八路侯家大院刑场，邓恩铭等22名共产党员高唱《国际歌》，慷慨就义。如今，两位英雄的雕像静静矗立在济南五龙潭公园，成为红色传统教育的重要基地。济南市区还保留着许多与王尽美、邓恩铭相关的革命文物和遗址，如"中共山东省委秘书处旧址""中国社会主义青年团济南地方团成立会址""津浦铁路济南机器厂旧址（津浦铁路济南大槐树机厂工会旧址）"等。这些文物遗址都被列入了2021年初颁布的"济南市第一批不可移动革命文物名录"。

　　王尽美、邓恩铭在济南这座红色城市中撒下了革命的火种，而后来揭开全国解放战争战略决战序幕的济南战役、对华东野战军在华东战场局势起到扭转作用的莱芜战役、大峰山革命根据地等革命斗争历史和事件，更为这座千年古城留下了宝贵而丰富的红色文化财富。

解放阁位于济南市老城区东南部，是一座二层楼阁式建筑，连台基通高34.1 米，占地约 620 平方米。它曾是济南古城墙的一部分，也是 1948 年济南战役中华东野战军攻破国民党守军最后防线的关键位置。在济南战役中，华东野战军经过 8 天的夜战，最终取得了辉煌的胜利。20 世纪 80 年代济南市为了纪念济南战役和在济南战役中英勇牺牲的烈士，修建了解放阁，作为济南战役攻城遗址纪念馆。在这个纪念馆的基座东壁上，镌刻着在这场战役中牺牲的 3764 名烈士的名字，静静地诉说着那段战火纷飞的红色史诗。济南的红色故事还有很多，光荣的革命精神在这里静水流深。

进入新时代，济南以红色资源激活城市软实力，让珍贵的"红色宝藏"成

济南解放纪念阁（摄影 赵龙）

为城市的精神之源和发展之基。2021年，济南市颁布了"第一批不可移动革命文物名录"，共涵盖87处文物，讲好济南红色故事，全力弘扬革命精神。同年，中共山东省委机关旧址，中共山东早期历史纪念馆落成，并已投入使用。目前，该纪念馆已成为山东省红色教育的重要场所，累计接待参观人数超过18万人次。近年来，济南完成了一系列革命文物保护工程，对中国共产党山东省党史陈列馆、济南战役纪念馆、莱芜战役纪念馆、蔡公时纪念馆、中共济南乡师党史陈列室、大峰山革命根据地纪念馆、中共济南市委重建历史陈列室等革命文化教育设施进行了不同程度的修缮与改造。此外，还推出"英雄济南"红色旅游线路，建成大峰山等一批党性教育基地，推动红色教育成为学生入校后的第一课。在这些带有情感的实物中，在激动人心的故事中，红色记忆深入人心，红色资源焕发出新的活力，引发广泛关注。

2022年，济南印发《关于提升城市软实力创建文明典范城的实施意见》，进一步提出了加快建设信仰坚定的红色之城的目标。这一举措旨在加快挖掘济南的红色资源，充分利用红色阵地，建设红色资源影像馆，传承和弘扬红色文化。对"红色宝藏"的立体化挖掘、保护和利用，可以让城市从红色基因中汲取无尽力量，筑就"根与魂"。

一座城市，只有拥有了强大的软实力，在现代化进程中才会有发展的后劲。在济南城市软实力的构建中，红色文化是引领的力量。传承红色基因、赓续红色血脉、传播红色文化，都是济南人在现代化进程中的使命和担当。通过加快建设信仰坚定的红色之城，济南在新时代将更加充满活力和发展动力。

（四）结语

超然楼的迅速走红，植根于济南对优秀传统文化的尊崇与敬意，也是这座古城在文化创新与创意中持续探索的见证。

　　济南不仅是山东的济南，更展现了中华文明的深厚底蕴。这里沉淀了 8000 多年的文化史，4600 多年的文明史，2600 多年的建城史。除了厚重的历史文化，独特的自然景观也赋予了济南特别的气质。宝贵的文化遗产如泉水、龙山、大舜、名士、学术、宗教、医药、饮食等，都是济南历史文化的丰富体现。深入挖掘并传承这些充满魅力的文化宝藏，不仅能够塑造新时代的济南城市形象，提高其知名度与美誉度，还将为推进中国式现代化济南实践提供持续的精神推动力。

二、趵突腾空，泉水滋养文脉绵长

　　依泉而建、伴泉而生、由泉而兴、因泉而名。2023 年中秋国庆假期，趵突泉地下水位维持在 29.20 米以上高位，三股泉水奔腾撒欢，呈现"水涌若轮"的魅力景象，"趵突腾空"盛景蔚为壮观，济南天下第一泉风景区泉水欢腾、景色怡人、游人如织，慕名赏泉的游客络绎不绝，据统计"超级黄金周"

趵突泉之春（摄影　徐金利）

共接待游客 203 万人次。这是济南用文化"软实力"筑牢现代化"硬支撑"的缩影，反映了多年来济南在现代化之路上对保护开发城市特色文化资源一以贯之的坚持，体现了济南始终将中国式现代化等同于"硬实力"+"软实力"的准确定位。

"平地泉源矞涌，三窟突起，雪涛数尺，声如隐雷，冬夏如一。"早在近 400 年前的明崇祯《历城县志》中就记载"趵突腾空"的盛景，并惊叹"寰中之绝胜、古今之壮观"。"趵突腾空"作为济南八景之首，被誉为"海内之名泉第一，齐门之胜地无双"，成为 2000 多年古城济南的城市灵魂，也是享誉海内外的重要标识。泉水是济南的特色资源，"山泉湖河城"浑然一体的独特自然禀赋风貌，孕育了"海右此亭古，济南名士多"的深厚历史文脉，让济南成为一座自然与文化完美融合的城市，也奠定了济南市建设个性特色的现代化城市的原始竞争力基础。

如果您问济南的现代化之路有何独特之处，毫无疑问便是泉水文化印记始终闪耀于不同时期的城市发展场景。泉水，带给济南的是闻名遐迩的天下泉城，是儒雅、温和、质朴、真诚的爱阅之都，是灯火阑珊、繁花似锦的网红城市，是美美与共、人城共美的文明新城。未来济南的现代化，泉水依然如此，有温度、雅度、热度、厚度！

（一）"千泉竞涌"与天下泉城

漫步济南，你可以体验水激柱石、声如虎啸的黑虎泉畔"亲泉"取水，可以沉浸在闹中取静、泉水潺潺的曲水亭街，可以聆听气势惊人、"鼾声"如雷的响呼噜泉，亦可以欣赏漱石枕流、婀娜多姿的漱玉名泉……晚清作家刘鹗在《老残游记》中描绘济南风貌时写道："进得城来，但见家家泉水，户户垂杨，比那江南风景，觉得更为有趣。"济南泉水甲天下，市域内有 1200 多处天然泉水，"七十二名泉"更是享誉海内外，独特的自然景观风貌塑造了"家家泉水，户户垂杨"的城市格局。

从《春秋·桓公十八年》中"公会齐侯于泺"，到北魏郦道元《水经注·卷八·济水二》描述的"泺水出历（城）县故城西南，泉源上奋，水涌若轮"；从宋代文学家曾巩"齐多甘泉，冠于天下"，到元代地理学家于钦亦称赞的"济南山水甲齐鲁，泉甲天下"；从宋末元初书画家赵孟頫用"云雾润蒸华不注，波涛声震大明湖"感叹泉城的生机活力，到老舍在《济南的秋天》中写道"哪儿的水能比济南？有泉——到处是泉——有河，有湖，这是由形式上分。不管是泉是河是湖，全是那么清，全是那么甜"。从元代文学家元好问《济南行记》中的"济南名泉七十有二"，到2004年评选的"新七十二名泉"；无论在历史上，还是在现代，泉水都是济南城市形成发展中独特的自然风貌、文化格调、历史意蕴，生长、旅居、为官于此的李白、杜甫、欧阳修、曾巩、二苏、李清照、辛弃疾、元好问、赵孟頫、张养浩等一大批名家巨擘，厚重着泉城的文化底蕴与

黑虎泉（摄影 张泉刚）

百花洲全貌（摄影 徐怀强）

文脉传承。这些自然文化景观与名士文脉珍宝，成为济南推进现代化之路上的重要特色文化意蕴。

1995 年联合国教科文组织的一位官员曾提出趵突泉可申报世界遗产，这个提议让济南人意识到泉水文化是中国的，更是世界的。1998 年济南市将泉水申报为世界自然文化遗产。让人意想不到的是，就在济南市准备为泉水申遗时，从 1999 年 3 月 14 日起，趵突泉停喷了，这一停就是 926 天，也是趵突泉历史上最长的一次"休眠"，泉水申遗一事因此停滞。泉水停喷让济南人深刻认识到保护生态环境与推进经济建设同等重要，现代化建设不能以牺牲生态环境资源为代价。2003 年 9 月 6 日，以趵突泉为代表的济南泉水从"沉睡"中醒来，泉水申遗重启。为了让泉水能够持续喷涌，保住泉城的魂，也保住申遗的根，2005 年 9 月

济南市人大常委会发布实施《济南市名泉保护条例》，这是全国首部名泉保护法规，具有鲜明的地方特色，是济南人保护泉水文化的创新举措。2010 年，"天下泉城"作为济南城市新名片正式叫响，济南更加注重泉水文化在城市品牌形象中的重要价值。2012 年，根据申遗形势发展和国家相关部门、专家建议，济南市确定泉水申遗方向为"世界文化景观"遗产类型，随后调整申遗方向，将申报双重遗产转变为申报文化遗产，将"泉水"申遗改为"泉·城"申遗，即"泉·城文化景观"整体申遗。随后济南的城市更新围绕泉水文化作文章，曲水亭街的老街老巷、百花洲的人文历史，镌刻并闪耀着泉水文化的历史印记，游客漫步休憩于此，不胜惬意。整个城市都沁润于泉水文化，一砖一瓦、一街一巷、一景一物一名士，都窥见于泉水涓涓细流、千泉竞喷之中。2019 年 3 月，国家文物局将济南

"泉·城文化景观"列入《中国世界文化遗产预备名单》，标志着达到了列入联合国教科文组织的《世界遗产名录》的先决条件。2020年，济南加快申遗工作步伐，挖掘泉水文化资源，加大泉水文化宣传力度，高水平推进济南泉水博物馆建设，全面展示遗产的完整性和真实性。申遗是手段，不是目的。推进申遗既保护了泉水、传承了文化，又宣传了济南，增强了城市核心竞争力；通过申遗，扩大了"天下泉城"的影响，提升了"天下泉城"的品质，广大市民在参与申遗过程中得到了获得感和幸福感。

弘扬泉水文化，打造泉城名士IP，是济南现代化的又一大招。"醉里挑灯看剑，梦回吹角连营……"2023年6月15日，开心麻花剧场正在上演以辛弃疾为主题的历史短剧《北望》，通过朗朗上口的诗词、轻松诙谐的剧场呈现，观众们重新认识了泉城名士辛弃疾。近年来，被后人称为"二安"的济南词人李清照与辛弃疾的文化形象，在舞台、景区、广场，甚至菜市场都有了新玩儿法。中

曲水亭街（图片由济南日报报业集团提供）

济南国际泉水节（图片由济南日报报业集团提供）

华"二安"诗词大会、中华"二安"文化旅游节、"二安"文化园、"二安"主题邮局、"二安"系列文创产品等遍布济南，泉水文化与名士文化的融通创新，"无处不稼轩""处处有二安"让城市更有创新精神、文化氛围与生活气息。2023年9月6日，以"爱与水的天堂"为主题的第十一届济南国际泉水节开幕，推出了"泉水·潮玩""泉水·漫游""泉水·人文"等众多板块，以"泉"科技串联呈现了特色风貌与诗词之都，泉水与文化的呼应精彩纷呈，泉水奇妙夜、花车巡游等各种沉浸式场景让人们切实感受到了有生命、有历史的泉水文化，扩大天下泉城知名度、丰富泉水内涵、传承泉水文化。

济南的现代化，是一部自然文化与人文环境相融合、历史文化与现代文化相统一的城市发展史。现代的济南，恢复形成了"一湖一环一城"的历史框架格局，突出古老济南"泉水串流街巷民居"的韵味，着力打造"家家泉水、户户垂杨"特色空间代表，弘扬了泉城名士的文化底蕴，"天下泉城"成为济南现

代化的响亮文化符号。

（二）"泉城书房"与文化济南

"看得见一城山色，听得见泉水叮咚"，在很长一段时间被当作济南的城市宣传推介语。最近几年，这个宣传推介语后面又加了一句——"闻得见满城书香"。阿根廷著名作家博尔赫斯谈起阅读时说过："如果世界上有天堂，那一定是图书馆的模样。"图书馆是一座城市文化的"良心"，惬意的城市图书馆中有若干舒适的公共书桌，是人们精神文化生活现代化的品质要求。

济南自古便是一座有书香气的城市。泉城文脉绵延悠长，从中华文明劫难"焚书坑儒"时济南名士伏生冒死将《尚书》藏下并传承于后世，到李清照与赵明诚"赌书泼茶"的千古佳话，再到清代学者周永年于济南建立中国第一个公共图书馆"借书园"，济南的读书传统源远流长。

近年来，济南市委、市政府以"泉城书房"建设为引擎，稳步推进"书香济南"建设，累计建成图书馆、图书馆分馆和图书流动站394个，建设社区图书馆（室）800个、农家书屋4482个，累计建成"泉城书房"44个……走在泉城济南，你会在百花洲历史街区看到壹号院的"泉水书房"，除了拥有传统图书阅览的功能外，还创意开发了MR互动泉水汉字树，设置了泉水文化雕版、朗读亭，定期举办泉水公益讲堂等活动，让游客、市民不仅能学到知识，还能参与互动，在实践中感受泉水文化的魅力，实现泉水文化的可读、可看、可听、可带走；你可以徜徉在"江北第一楼"超然楼南侧贺胜斋内的"泉城书房"，这里处处透着古色古香，可以免费读书还能赏景，好不惬意；你也可以在千佛山脚下体验"街角相遇，扑面而来是书香"，在"泉城书房"的静谧中阅读思考，梳理思绪，感悟生命的美好；你还可以在深夜到24小时无人值守的书房内，静静感悟"阅读不能改变人生的长度，但可以改变人生的宽度；阅读不能改变人

各具特色的泉城书房（图片由济南日报报业集团提供）

生的终点，但可以改变人生的终点"。2023 年央视财经频道《中国美好生活大调查》发现：2022 至 2023 年度，在全国 36 个大中城市中，最爱看书的 5 个城市分别是济南、宁波、厦门、大连和拉萨，济南排第一！街边一个个充满书香的"泉城书房"，留给人们的是充满书香味道的儒雅之城，体现了济南现代化的文化内涵与魅力。

"泉城书房"是新时代文化济南建设的缩影。进入新时代，济南作为黄河流域中心城市、东亚文化之都、中国非物质文化遗产博览会永久举办地、山东半岛城市群核心城市、黄河流域与京沪经济走廊交汇枢纽型城市，经济总量实现万亿历史性突破，城市能级和核心竞争力明显提升，城市国际影响力稳步提升。济南市委、市政府始终把城市文化建设作为城市发展的重要议题，持续推动习近平新时代中国特色社会主义思想学习贯彻持续走深走实，扎实建设公共文化服务体系，全面落实历史文化名城保护规划，不断推进"泉·城文化景观"申报世界文化景观遗产，深度挖掘泉水文化、名士文化、非物质文化等特色文化资源，做大做强影视传媒、创意设计、数字资讯、会展业等优势产业，加大红色文化遗址保护开发力度，努力推动与泰安、曲阜共享文化旅游资源，打造世界级"山水圣人"中华文化枢轴，深入开展精神文明创建活动和爱国卫生运动，让文明成为泉城最美底色。目前，济南市已经成功当选"东亚文化之都"，被评为"中国十大美好生活城市"，文化自信与文化自觉已经成为济南现代化之路上的重要旋律，文化的力量越来越深地融入经济社会发展之中，不断实现着人民群众对美好幸福生活的向往，更为中国式现代化济南实践打下了坚实的基础。

（三）"文明大成"与蝶变新城

千泉竞喷，名泉奔涌，泉润文化，泉养文明。2022 年，济南以 96.88 的高分位居 30 个省会、副省级全国文明城市榜首，连续第 4 年位列省会、副省级城市组别第一名，实现了全国文明城市创建"四连冠"和全国文明典范城市创建"开门红"。中央文明办明确提出文明创建"济南模式"，并在全国文明典范城市综合测试反馈会上，评价济南市"探索了一条在经济并不处于绝对领先条件下的城市，建设精美之城的新路；探索了一条在特大省会城市，保持创建长效、打造韧性之城的新路；探索了一条通过干部敬业奉献、群众参与支持，建设和谐之城的新路；探索了一条通过科学制度安排，实现权责分明、治理有效善治之城的新路"。济南是一座美丽的城市，文明是泉城最美的风景。近年来，济南在推进现代化的进程中，始终把城市文明摆在软实力建设的极端重要位置，走出了一条文化与文明相辅相成的现代化新路。

然而，如今济南的"文明大成"，记录的是历经"三战三败"后的凤凰涅槃与城市蝶变，反映了济南现代化进程中对于文明素养与城市品质的矢志坚守。曾几何时，有媒体将济南称为"钝感之城"，"温暾、缓慢、内敛、保守"，"不上不下、不好不坏、不吵不闹"，各种性格都有那么一点，但又都不明显。这场历时 20 年余年的全国文明城市创建之路，恰恰也是济南由"钝感之城"到"品质新城"的蜕变史。

早在 1996 年济南便将"争取首批进入全国文明城市行列"作为"九五"期间的重要城市目标；2002 年，济南市委、市政府正式宣布参评第一届全国文明城市。但是，2005 年 10 月发布的第一批全国文明城市名单中，并未见济南身影，山东省内的青岛、烟台两市则成功入选。2006 年初，济南市锲而不舍强调"深入开展文明城市创建活动"，2009 年却依然缺席第二批全国文明城市名单。2010 年，济南再次强调将推进全国文明城市创建工作，当年却没有主动报名第三批全国文明城市的评选。进入新时代，2012 年济南重新加入全国文明城市荣誉的争夺战，且全国文明程度指数测评在参评的 13 个省会和副省级提名资格城市中位列第一。连续两年全国文明总成绩居省会和副省级城市提名资格第一名，当创城志在必得时，济南却因"一票否决"落选于最后冲刺阶段。2015 年，济南市委常委会会议决定，将启动新一轮全国文明城市创建工作，力争拼搏努力三年拿下"金字招牌"，随后在全国文明城市测评中济南再次取得省会第一名的好成绩。济南持续把创城当作提升城市品质与文明素养的重要手段，推动经济社会发展和城市建设管理水平实现新的提高，推动全市人民群众幸福指数和满意度实现新的提升，终于在 2017 年 11 月荣膺"全国文明城市"称号，跨入全国文明城市行列。随后"四连冠"的创城佳绩，见证了济南城市的品质蝶变与文明提升，"全国文明典范城市"创建"开门红"也证明了泉城济南在中国式现代化实践中将以更高的标准、更严的要求、更强的自觉不断提升现代化泉城济南的文明程度，让"古城"济南焕发文明的耀眼光芒。

全国文明城市"四连冠"创建，泉城市民同频共振、同心向善、同步奋进，奠定了 2019 年"国际花园城市"、2020 年度"中国十大美好生活城市"、2022 年"东亚文化之都"一系列荣誉的基础，实现了由"钝感之城"向"品质新城"的蝶变。济南的泉水名满天下，泉水涵养了深厚的文脉底蕴，泉水孕育了无私奉献、包容开放、勤奋进取、厚德朴实等文化品质，泉水厚重了泉城的文明意蕴，泉水承载了现代化新征程上济南人承继文脉、提升品质的"文明大城"城市蝶变历程。

（四）结语

习近平总书记指出："城市规划和建设要高度重视历史文化保护，不急功近利，不大拆大建。要突出地方特色，注重人居环境改善，更多采用微改造这种'绣花'功夫，注重文明传承、文化延续，让城市留下记忆，让人们记住乡愁。"持续做优做深做好泉水文化特色资源，是济南现代化之路的个性特点。推进中国式现代化济南实践，既要继续重视保护开发泉水资源，又要写好泉水文化自信这篇大文章，更要将泉水精神沁润于城市品质，不断提升城市软实力，优化城市，扩大泉水文化的影响力。

三、敢为人先，自主开埠领风气之先

　　"呜——呜——"震耳欲聋的轰鸣，"哐当——哐当——"前所未有的速度，划破宁静的农业社会，驶向遥远的文明地域。从此山东第一条铁路——胶济铁路在 100 多年前的齐鲁大地上扎根延展。

　　然而胶济铁路却是德国人在山东建立势力范围之后进行势力扩张的武器。1897 年德国借"巨野教案"的契机，武力侵占山东胶州湾，1898 年 3 月，逼迫清政府签订《胶澳租借条约》，规定将青岛到济南的胶济铁路、济南到山东西部边境铁路的修筑权，铁路沿线 30 华里内地区的开矿权以及为山东省各项工程投资、供货和提供劳务的优先权，一并交给德国。铁路的修建、矿产的开采等加快了德国对山东自然资源的掠夺，也对中国传统经济与社会结构带来巨大的破坏，首当其冲的就是小农经济与手工业。但同时，德国把资本主义新的生产力带到了山东、带到了济南，促进济南商业和工商业的发展，推动济南现代化的发展进程。如何抵制德国帝国主义势力在山东的扩张？"于济南城外自开通商口岸，以期中外商民咸受利益"（朱寿朋编纂，《光绪朝东华续录》，第 12 页），这是当时济南官方给出的答案。

　　济南开埠在当时为世人所瞩目，更是中国人自己推动社会发展现代化变革的生动体现，实现了"被动中的主动"转变。

　　100 多年来，胶济铁路依然飞速发展，承载着山东更是济南不断发展的梦想。从最初时速 35 千米的蒸汽机车，到内燃机车，再到如今时速 300 多千米的复兴号，百年胶济的速度在跨越，其开创精神也在不断延续。

迈进新时代，胶济铁路依然是主干，不同的是，中欧班列迅速崛起，串起亚欧大陆东西两端，成为"一带一路"沿线经贸往来、互利互惠的黄金纽带。

特别是中欧班列（齐鲁号），作为全国首个省级欧亚班列统一运营平台，开通后其开行规模、运营线路和运行质量稳居全国前列。这折射的不仅是山东发展速度的加快与发展质量的提升，更是新征程上全面建设社会主义现代化的齐鲁样板。

济南作为中欧班列（齐鲁号）的重要一站，表明济南深度融入"一带一路"的决心，更是济南在现代化发展中求得"实现高质量发展"本质要求的关键环节。特别是小清河的复航，让小清河"搭上"了中欧班列的快车，让济南向"通

中欧班列（齐鲁号）顺利开行（图片由济南日报报业集团提供）

小清河复航（图片由济南日报报业集团提供）

江达海"的梦想迈出了一大步，也意味着，这条曾经的水上"丝绸之路"，让济南在拥有无数希望的世界舞台上主动走在前。

（一）从"被动中的主动"到"走在前的主动"

1. 被动中的主动

商埠是中国近代历史上常用的一个概念，意思是与外国通商的城市。我们都知道，近代中国与外国通商大都是在列强的武力威逼下的被迫通商，因此商埠也有不同的范畴：一种商埠是"约开"口岸，即通过武力威逼被迫通商，外国人在这些地方享有特权的城市；另一种商埠是"自开"口岸，即政府主动开放通商，外国人在这里没有任何特权的城市。济南开埠就是清政府1904年批准的自己主动向外国人开放通商的城市，因此也被称为自开商埠。

甲午战争的失败，使国人震惊。以外争利权、内促富强为主要特征的自开商埠思想，是甲午战争失败后中国有识之士抵御外侮、挽救民族危亡的新思索，清政府更是将其列为一项国策。德国强租胶州湾后修建胶济铁路，借铁路之便扩大其在山东的势力范围。1904年胶济铁路竣工之际，山东主政者理智地处理与德国之间的关系：一方面力求有理有据地阻止德国通过铁路之便扩大在山东的扩张；另一方面力求更加主动地利用铁路来发展实业。"自开"口岸在当时就是理想的解决措施。

1904年2月12日，山东巡抚衙门致函外务部提出济南开埠的设想，外务部很快秘密致函，同意山东自开商埠。至此开埠的详细方案已在拟议中。

1904年5月1日，北洋大臣、直隶总督袁世凯与山东巡抚周馥联名正式提出开埠申请，上奏"拟请添开商埠，以扩利源……"。

1904年5月4日，清廷上谕外务部商讨。

1904年5月24日，外务部表示支持山东自行开埠，"应如该大臣等所奏办理"。

1906年1月10日，济南开埠典礼正式举行。

济南开风气之先，成为中国第一个真正意义上主动开埠的内陆城市。开埠后，济南商业繁荣，特别是近代工业和市场经济发展，为济南甚至是山东的现代化进程提供了原始积累。

在经济领域，济南逐渐成为全省的中心市场，比如在进出口商品方面，济南成为东部沿海地区进口商品的最大销售区和出口产品的最大供应地；比如在农产品交易方面，"济南商埠为棉花买卖最大市场"（山东公立农业专门学校附设山东农业调查会1992年编《山东之农业概况》）……经过开埠10多年的发展，济南一跃成为山东内陆第一大流通商贸中心、成为全国重要的工商业城市，为近代城市经济现代化转型提供了典范。

在文化教育领域，山东作为享誉海外的"文化之邦"，自古以来就重视文化教育。济南开埠的第二年，新式教育就如雨后春笋般迅速生长，突出表现在新式学堂的数量在当时位居全国前列；同时济南的教育种类也很齐全，盲哑学堂、蒙养园（新式学前教育）、私立社会教育机构等都有创办，这在中国近代教育史上都是少见的；教育的发展也激发了市民对知识的渴望，在这一时期，济南开设博物馆和图书馆，致力于科学普及和知识传播，走在全国前列……通过文化教育，加快了济南民众群体思想观念的转变，为中华传统文化向现代文化转变提供契机。

在社会思想领域，济南开埠以来，西方的新观念新理论源源不断地涌入，推进社会意识形态的现代化转变。比如，1908年，济南工商界和学界联合发起了咨议局研究会，意在推动立宪议程，10月，济南成立山东咨议局，是地方议会的前身，这在中国地方政治制度史上是首次；比如，济南无产阶级队伍的壮

中共山东省委秘书处旧址（摄影　王会祥）

大，为马克思主义在济南的传播奠定了群众基础，1921 年，济南共产主义小组成立，这是全国建立最早的共产党组织之一，带领济南乃至山东人民走向更加光明的新时代。

济南开埠兼具爱国自强的民族色彩和文明进步的时代色彩，使济南不仅经济繁荣，社会思想更是先进，让济南走在了当时中国近现代发展史的前列。

2. 主动中的进取

"我们讲着春天的故事，改革开放富起来……" 1978 年，党的十一届三中全会的召开吹起改革开放的春风，轻抚着全国，也温暖着济南。

沐浴在这场历史巨变中的济南，敢为人先、开创进取，积极探索具有中国特色、济南特色的改革开放道路。改革开放作为中国式现代化的基本经验之一，也是推动中国式现代化的原动力。因此济南的这条道路是生动展示中国式现代化的实践地，是提供可借鉴、可复制示范样板的试验田。

思想是行动的先导，解放思想是改革开放的"总开关"。没有真理标准问题的大讨论，没有思想的大解放，就没有改革的大踏步。1979 年夏，邓小平同志视察山东并发表讲话，随后济南市委通过召开常委会和常委扩大会，用长达一周的时间专门学习这次视察讲话。拨乱反正、解放思想的风气在全市蔓延，打破了济南改革开放的思想枷锁，迎来了济南在现代化道路上的突破进取。

1979 年 6 月，济南市长清县县委驻双泉公社三夏工作组根据群众意愿，开展全市农村包产到户的第一个试点，将土地分给群众，拉开济南农村改革的序幕。

1981 年，济南市在前期扩大全市部分企业自主权试点的基础上，对工交、基建、财贸、公用事业等系统率先在全国推行了以"五包五保"（市、局、厂、车间、班组自上而下包，自下而上保）为内容的经济责任制，拉开了济南城市经济体制改革的序幕。

1983 年 8 月，济南市委、市政府对其直接管辖的行政机关开始进行改革，拉开了济南机构改革的序幕。

1990 年 2 月，济南市被国务院正式批准划入沿海经济开放区，在此基础上全市逐渐形成全方位、多层次、宽领域的对外开放新格局，拉开了济南外向型经济发展的新序幕。

济南的不凡改革路，始终坚持对内搞活经济、对外实行开放的战略，坚持物质文明和精神文明的协调发展，为济南在这一时期经济建设和各项社会建设奠定健康发展的基础，让济南甚至山东在现代化进程中不断主动进取。

特别突出的进取成就首先是济南工业的发展，改革开放时期是济南自开埠以来工业发展最快的时期。这一时期济南工业基础稳固、工业结构完善、新型工业萌发，为济南工业现代化的发展打下坚实的基础。

1978 年 12 月，济南第四机床厂试制成功国内第一台高精度外圆磨床。

1983 年，济南钟表厂（今山东康巴丝实业有限公司）开发出我国第一款石英钟——康巴丝石英钟。

1983 年，济南浪潮集团研发出我国第一台微机——“浪潮 0520A”，拉开了我国 IT 产业的序幕。

1984 年 3 月，济南洗衣机厂（今小鸭集团）引进意大利生产技术设备开发出亚洲第一台滚筒式洗衣机——“小鸭 - 圣吉奥”。

1984 年 12 月，济南汽车制造总厂建成国内第一条多品种重型汽车装配线——“罗曼”工程。

1991 年 7 月，浪潮集团研制出全球第一台中文寻呼机，并开发制定了全球第一个汉字寻呼标准。

1994 年，济南九阳研发成功全球第一台电机上置式豆浆机，全自动家用豆浆机诞生。

1999 年 6 月，济南市获批成为全国第一个电子商务试点城市。

……

其次是济南政治文明和精神文明建设，解放思想、实事求是的思想路线在改革开放以后的济南重新焕发活力，调动起广大人民群众的积极性，推动社会重心转移到社会主义现代化建设上来。

济南交警支队，是济南改革开放时期政治文明和精神文明建设的先进典型集体。济南交警支队始终坚持"我为人民管交通"理念，通过强化基本功训练、完善制度建设、改革推进发展等措施，全面提升全市交警工作，创造了安全、有序、畅通的良好道路状况，推动了济南市改革开放和社会经济发展。济南交警支队改革进取的工作获得了全社会的高度赞扬。1995 年 10 月 15 日，江泽民同志为济南交警支队题词——"严格执法、热情服务"，这对济南交警支队而言不仅是荣誉更是鞭策。

1996 年 9 月 2 日，济南市诞生了全国首支成建制的女子交警中队，为济南全市道路安全维护注入新的活力。

1997 年 11 月 26 日，国务院授予济南交警支队"严格执法热情服务交警支队"荣誉称号，这也是新中国成立以来国务院首次授予职业警察的最高荣誉……

济南的改革开放，兼具物质和意识、理论和实践的双重内涵，使解放思想、实事求是在济南社会各个领域充分展现，让济南在探索中国特色社会主义社会现代化中不断进取。

3. 走在前的主动

党的十八大以来，在以习近平同志为核心的党中央坚强领导下，党和国家事业取得历史性成就、发生历史性变革。济南事业也经历了极不平凡、具有里程碑意义的发展过程，特别是习近平总书记对济南的亲临视察与指示，为济南开创新时代社会主义现代化强省会建设指明了前进方向、提供了根本遵循。

2013 年 11 月 24 日至 28 日，习近平总书记亲临山东、亲临济南，对山东发展定位、发展方式、发展途径、发展重点提出了明确要求。27 日下午，总书记来到济南市外来务工人员综合服务中心，和前来办理业务的群众进行亲切交谈，了解济南政府为外来务工人员提供一揽子服务、帮助农民工融入城市等情况。

2018 年 6 月 12 日至 14 日，习近平总书记亲临山东、亲临济南视察，为山东擘画了"走在前列、全面开创"的宏伟蓝图。14 日上午，总书记在济南高新区浪潮集团强调，"改革没有回头路，开放的大门会越开越大"，"创新发展、新旧动能转换，是我们能否过坎的关键"。

随后总书记来到济南市章丘区双山街道三涧溪村进行考察，并和当地村民围坐一起拉家常，总书记指出，"乡村振兴，人才是关键""农业农村工作，说一千、道一万，增加农民收入是关键"……

2021 年 10 月 20 日至 22 日，习近平总书记再次亲临山东、亲临济南视察，22 日在济南主持召开深入推动黄河流域生态保护和高质量发展座谈会，赋予了山东"努力在服务和融入新发展格局上走在前、在增强经济社会发展创新力上走在前、在推动黄河流域生态保护和高质量发展上走在前，不断改善人民生活、促进共同富裕，开创新时代社会主义现代化强省建设新局面"的使命。

党的十八大以来，习近平总书记多次山东行并视察济南，作出的一系列重要指示要求，为山东、为济南的建设发展提供了根本遵循、注入了强大动力。作为山东的省会，济南牢记嘱托，在全省加快发展中"走在前"，锚定"勇当排头兵、建设强省会"的目标，扛起新时代社会主义现代化强省会应有的担当，当好新时代社会主义现代化强省会应有的示范。

（1）在新旧动能转换领域，创新驱动、提档升级

比较具有代表性的是济南在量子领域的全方位布局。全国量子计算与测量标准化技术委员会——全球首个国家量子计算与测量标准化技术委员会在济南揭牌；《济南市量子信息产业发展规划（2019—2022 年）》——全国首个量子产

济南量子技术研究院（图片由济南日报报业集团提供）

业领域的发展规划在济南发布；济南市党政机关量子通信专网——全国首个商用量子保密通信的专网在济南通过验收，并将接入世界第一条量子通信保密干线——"京沪干线"；"济南一号"——世界首颗量子微纳卫星由济南量子技术研究院参与研制，在酒泉卫星发射中心成功发射；"泉城一号"——济南成为国内第一个完成了商业航天"通信、导航、遥感"三个重要领域全面布局的城市；全球首套量子激光雷达产品和完全自主知识产权的量子领域核心芯片在济南量产……

（2）在强省会综合承载领域，功能完善、品质提升

"济南模式"——济南在全国文明城市创建道路中的特色模式。2021年全国文明城市年度测评，济南在30个省会、副省级全国文明城市中，连续4年位列省会、副省级城市组别第一名，实现了全国文明城市创建"四连冠"和全国文明典范城市创建"开门红"。

"东亚文化之都"——济南秉持"东亚意识、文化交融、彼此欣赏"理念开

展百场活动，知名度、美誉度享誉海外，城市文化软实力显著提升，建成全省首个区域性国际传播中心。

（3）在内生动力发展领域，改革深化、开放扩大

其一，济南全面深化改革热度位居全国省会城市第一。改革热度是根据政府推出的一系列改革政策在市民中的影响力和受欢迎程度来评估的。也就是说，改革热度越高，意味着政府改革实施得越好，市民对改革的支持度也就越高。为什么济南改革热度能保持全国前列？主要是因为济南改革政策的创新性凸显。比如，2014 年 1 月，济南市牵头起草全国首个政府热线的国家标准——《政府热线服务规范》，实现服务质量目标化、服务方法规范化、服务过程程序化；2014 年 9 月，济南市在全国率先成立农民工工作委员会，专门负责农民工领域党建和农民工服务工作；2018 年 12 月，济南市创造建设领域规模以上外资项目快速审批的全国第一，一天内实现不动产权证、建设工程用地规划许可证、建设工程规划许可证、建筑工程施工许可证四证齐发，"拿地即开工"模式被全国复制推广……

其二，济南对外开放能级大幅提升。比如，全国首家区域性签证中心，即泛北方区域性签证中心——济南签证中心落地运营，可代办 100 多个国家的签证业务，成为山东"走在前列"和济南"打造对外开放新高地"的创新试点。

（4）在生态环境改善领域，生态优先、绿色发展

尊重自然、顺应自然、保护自然，是全面建设社会主义现代化国家的内在要求。济南市深刻把握人与自然、保护与发展、环境与民生的辩证统一关系，举全市之力守护泉城生态环境，相继获评全国第一个水生态文明试点城市、"2019 国际花园城市"、"中国十大美好生活城市"、首批国家海绵城市，2022 年成功举办第十个"全国低碳日"国家主场活动……人与自然和谐共生的新格局正深刻改变着济南，强省会高质量发展绿色更浓、成色更足、底色更实，千万泉城人民享受到了越来越多的绿色福祉、生态福祉。

明府城景色（图片由济南市摄影家协会提供）

（5）在民生保障提升领域，用情用力、兜牢底线

民心是最大的政治，民生是最大的政绩。济南市坚持以人民为中心的发展思想，坚持在发展中保障和改善民生，把推动高质量发展与创造高品质生活有机结合。特别是在社会治理方面，用实际行动守护百姓获得感、幸福感、安全感。

济南在全国首推行政处罚"四张清单"（不予处罚事项清单、减轻处罚事项清单、从轻处罚事项清单和从重处罚事项清单），年均组织开展普法宣传活动6000余场次，入选"全国首批法治城市创建先进市"。济南成为全国唯一连续12年命案全破的省会城市、全国毒情最轻的重点城市，在全国公共安全满意度测评中，济南连续5年位列前十，获评"全国最安全城市"。济南获评全国社会信用体系建设示范区，在85个参评城市中位列第一名，含金量极高。

……

牢记习近平总书记对山东、对济南作出的一系列重要指示要求，济南扛起了省会应有的担当，当好了省会应有的示范，继续在全省加快发展中"走在前"。

（二）结语

中国式现代化进程的本质要求之一是"实现高质量发展"，全面建设社会主义现代化国家的首要任务也是"实现高质量发展"。习近平总书记提出："我们的现代化既是最难的，也是最伟大的。"实现高质量发展的现代化，是济南乃至中国几千个城市所共同前进的目标。

济南开埠，让济南在被动中主动开放，从此开启古老济南的现代化进程；改革开放，让济南在主动中不断进取，从而奠定现代济南的现代化基础；党的十八大以来，让济南在走在前中更加主动，从而引领新时代济南的现代化进程。

百年来的巨大变化，大家有目共睹，济南之所以敢为人先、自主开埠领风气之先，成为中国式现代化的突出表率，就是因为践行了"实现高质量发展"的理念，遵循了中国式现代化的内生要求。

当然，敢为人先、实现高质量发展的现代化不可能是一帆风顺的，肯定会遇到一些挫折和挑战。只有从中国式现代化的角度概括总结济南在敢为人先、自主开埠领风气之先过程中的经验教训，才能引领新时代济南强省会建设。济南将继续传承"走在前列、敢为人先"的气魄，弘扬开创精神，践行"实现高质量发展"要求，加快建设"强新优富美高"新时代社会主义现代化强省会，书写中国式现代化的济南新篇章！

第二章

重大战略
交汇叠加的发展引力场

风，能拂柳送春归，亦能托举大鹏展翅。

城市的发展亦如此。腾飞，不仅需要自身的全力加速，还需要最佳的跃起时机，把握迎风而起的"势"。

机遇，就是这种"势"。当千载难逢的机遇到来，当机立断把握住，站上"风口"一跃而起，迎来的将是全新的层次、全新的赛道和全新的境界。

发展犹如千帆竞逐、百舸争流，比拼的有综合实力、拼搏韧劲，也有把握机遇的能力、应对挑战的底气。唯有融入大局大势、把握机遇向前、只争朝夕奋斗，方能乘风而起。

济南，这座承载着深厚历史文化底蕴的城市，在新时代的浪潮中正展现出前所未有的活力与潜力。

作为第五个最高等级的重大区域发展战略，黄河重大国家战略第一次将济南放在国家战略发展大局、生态文明建设全局、区域协调发展布局上来谋划，赋予了济南"黄河流域中心城市"的战略定位，使济南的战略地位得到凸显、战略空间得到拓展、战略潜能得到释放。

重大战略交汇叠加的发展引力场开始在济南形成——黄河重大国家战略为牵引，自贸试验区、国家级新区、国家自主创新示范区和全面创新改革试验区四区叠加的政策机遇，强省会战略、济南都市圈等不同层级的战略机遇落地。

济南，插上了"乘风飞翔"的翅膀，城市命运改变的齿轮"开始旋转起来"。从"大明湖时代"迈进"黄河时代"的济南，在战略机遇叠加之下迈上发展新台阶，书写更加夺目的"济南新篇"！

一、融入大局，从"大明湖时代"迈入"黄河时代"

重大战略改变济南命运的关键一步是什么？

是项目的落地、产业的崛起，还是城市品质的提升、发展环境的优化？

对济南来说，是空间的拓展！

在天然的"黄河之南、泰山之北"的地理空间内，经过漫长的发展演变，济南形成了东西狭长、南北短促的带状格局形态。城区东西最长处达90千米，南北最窄处仅10余千米，城市发展空间受限。

每天，有大量的车流通行在中国最长的城市主干道——经十路上，早上由西向东、傍晚由东向西的"钟摆式"交通流动十分明显。空间的局促与拉伸相互叠加，让济南的局部交通在某些时段陷入十分拥堵的困境。

空间受限、土地不足，是城市发展面临的普遍困难。为了解困，很多城市一方面"上天入地"，提升空间利用效率；另一方面则推进跨河、跨江战略，突破江河等地理条件的限制。

例如巴黎城市轴线、伦敦泰晤士河两岸、纽约哈德逊河沿岸等。这些城市把穿城而过的大江大河变成了城市内河。在国内，上海跨过黄浦江开发浦东陆家嘴，被长江穿城而过的武汉则提出围绕长江打造世界级城市中轴文明景观带的概念。

黄河穿城而过（摄影　卢震）

实践证明，有江河穿城而过的城市，往往都是通过实施跨河、跨江战略，拉开城市发展框架，从而产生强大的发展动力，推动经济加速发展。

重大战略交汇叠加，让济南迎来了打破"东西长、南北窄"空间格局的关键一步——北跨黄河！

（一）乘势一跨，从"大明湖时代"迈入"黄河时代"

济南有着4000年的文明史。提起这座城，人们首先会想到趵突泉、大明湖。"天下第一泉"的泉水以及汇流而成的泉水之湖，涵养了这座城市数千年。

古往今来、春秋轮转，凡是到过济南的人，都对这座城市留下了美好而难忘的印象。诗仙李白曾登临华不注山（今称华山），称赞道："兹山何俊秀，绿翠如芙蓉。"意大利著名旅行家马可·波罗来到济南，在游记中写道："这个地方四周都是花园，围绕着美丽的丛林和丰茂的果园，真是居住的胜地。"印度著名诗人泰戈尔也到访过济南，留下了诗句："我怀念满城的泉池，他们在光芒下大声地说着光芒。"文学巨匠老舍先生在济南生活期间，写下了《济南的秋天》

《济南的冬天》等传世经典。

然而，在 2000 多年的城市发展史上，不论是古济水、大清河，还是黄河时期，济南一直以"大明湖"为中心东西延展，城市的空间格局没有打开。

文人墨客眼中的济南是美丽又独特的。但东西长、南北窄的天然空间特点，让过多的人流、建筑、产业、车流集中在老城区，拥挤、拥堵带来的城市病越发明显，原本清晰明亮的城市肌理逐渐模糊，泉城特色风貌也不再凸显。

"大明湖时代"的济南何去何从？

是继续在局促中挖潜？是任由城市建设的惯性沿着天然空间延伸？还是跳出"大明湖"、打破空间的局限？

从长远来看，城市建设不可能无限东西向拉伸延长。在南部山区以生态保护为主，不可能大幅开发的前提下，济南的发展必须瞄准黄河以北的广袤空间，

被誉为"中国第一泉水湖"的大明湖（图片由济南日报报业集团提供）

"黄河时代"蓄势而来（图片由济南市摄影家协会提供）

必须跨过黄河去！

2003 年 6 月 26 日，山东省委常委会扩大会议确定了"东拓、西进、南控、北跨、中疏"的济南城市空间布局。这是济南空间格局的一次大跃升！

随后的 17 年里，这"十字"方针，成为济南拓展空间格局的指引。其间，借助重大赛事、盛会的举办，"东拓"和"西进"都有了实质性突破。2009 年举办的第十一届全国运动会，向东直接推动了奥体文博片区的建设开发，城市的发展重心开始向东迁移，随之兴起的是中央商务区、汉峪金谷等区域。2012 年举办的第十届中国艺术节，向西直接推动了西客站片区的建设开发，西部新城加快崛起。这些年，"东拓"和"西进"成效斐然，然而"北跨"仍然缺乏一个强有力的机遇和载体！

2019 年开始实施的黄河重大国家战略，随后是济南新旧动能转换起步区的建设和崛起，以及 2020 年济南"东强、西兴、南美、北起、中优"新十字方针的升级，让这座千年古城终于有机会从"大明湖时代"实质性迈入"黄河时代"。

这是具有历史意义的"乘势一跨"！

济南大西环黄河大桥（图片由济南日报报业集团提供）

1. 从"泉城明珠"走向"母亲河"

"乘势一跨"，首先是生态保护在更高层级的跨越。

黄河流域生态保护和高质量发展，摆在第一位的是生态保护。黄河重大国家战略的实施，让济南这座泉城站在"母亲河"全流域的维度去落实生态保护。

在很多人看来，黄河穿济南而过、泉水汇集喷涌，济南一定是水资源十分丰沛的城市。

然而，令人大跌眼镜的是，济南实际上是一座缺水的城市。受地理位置和自然条件限制，济南全市年平均降水量约为 639mm，年际变化大，季节间降水量极不均匀。全市多年平均水资源总量 17.48 亿立方米，可利用量 11.56 亿立方米。其中人均水资源占有量只有 290 立方米，不足全国人均占有量的 1/7。

一度，"天下第一泉"趵突泉陷入停喷的险境。泉水自 20 世纪 70 年代中期以来出现了停喷断流，2000 年前后趵突泉最长停喷时间达 926 天。济南的城市防洪能力也多次遭遇严峻考验，节水保泉与城市发展的矛盾、水资源承载与利用的矛盾比较突出。

济南因水而生、因泉而名，却为水而忧、为水而困。泉城面临着一个难破难解甚至牵一发而动全身的水生态文明建设的"困局"。

解局的"钥匙"在哪儿？

"大明湖时代"的济南，只能就泉城全域来抓节水、生态保护。跨入"黄河时代"，黄河流域生态保护和高质量发展重大国家战略的实施，让济南从全国大局、流域全局的视角去解决生态保护特别是水生态保护难题。

对济南来说，"绿水青山就是金山银山"理念，随着"乘势一跨"而深入践行。

打开全国地图，黄河全长 5464 千米，自西向东流经青藏高原、黄土高原和华北平原的 9 个省区，气候条件、地貌地质条件、资源禀赋迥然不同。无论是上游的高原冰川、草原草甸，中游的黄土高原，还是下游的黄河三角洲，都属于生态脆弱区，本底比较差且很容易发生退化，环境污染积重较深，生态保护的任务十分繁重。

再看黄河济南段，全长 183 千米，上连东平湖，下接黄河三角洲，对建设黄河下游绿色生态走廊至关重要。济南为此找到了三把"钥匙"。

第一把是做好"水"的文章。济南统筹保护水系、岸线、湿地等自然资源，加强黄河和小清河、大汶河、徒骇河等 10 多条重点河道治理，高标准修复济西、玫瑰湖、白云湖等 23 处湿地，逐步恢复河流水系生态环境，沿河的生物多样性显著提高。

绿树葱茏美黄河（图片由济南市摄影家协会提供）

第二把是做好"绿"的文章。济南加快建设绿色生态廊道，加强黄河沿岸生态防护林建设。因地制宜建设城市森林公园和郊野公园，打造黄河百里生态风貌带，水土保持、防风固沙、宽河固堤的功能进一步强化，形成了人河城相协调、优美自然的生态风貌廊道。

第三把是做好"治"的文章。济南解决了黄河流域生态破坏和环境污染问题，打好蓝天、碧水、净土保卫战，推进了工业污染、城乡生活污染、农业面源污染防治和矿区生态环境综合整治，全面改善了生态环境质量。

2020年，被誉为"鸟中熊猫"震旦鸦雀的一种鸟首次现身山东黄河玫瑰湖国家湿地公园，在之后的几年里，该物种多次现身济南华山湖湿地公园。

2022年3月，小清河济南段发现了大量中华鳑鲏种群。中华鳑鲏栖息于淡水湖泊、水库和河流等浅水区的底层，是自然水域中清洁水体的指示鱼种之一，是有历史统计数据以来时隔60多年再次发现中华鳑鲏这一种群，意味着小清河正在形成健康的水生态系统。

2024年2月，"雨水"节气过后，泉城济南迎来春雪，在孟家水库上空，漫天雪花与百余只银鸥齐飞，早在数年前，该物种曾多次现身大明湖畔。

济南黄河岸边田野风光（图片由济南日报报业集团提供）

中心城区新物种的发现，各类珍奇动植物在济南安家落户，既是济南的城市生物多样性保护成果的显现，更是济南城市生态环境持续优化的最好证明。

2022 年济南空气优良天数达到 239 天，空气质量综合指数同比改善 4.9%，在全国 168 个重点城市中，排名较 2019 年前移 26 个位次，达到有监测记录以来的最高水平。10 个国控考核河流断面 100% 达标。建成 500 平方米以上公园 1200 多个。2023 年，济南细颗粒物 $PM_{2.5}$ 较"十三五"末改善 22.4%，浓度为山东 7 个传输通道城市最优。地表水国控断面优良水体比例连续 3 年保持 100%，水质指数连续两年全省第一。

从水生态"困局"中破茧而出的济南，成功编织了一张"大水网"，系统性解决了水资源短缺、水灾害威胁、水生态退化三大难题，使"泉涌、湖清、河畅、水净、景美"成为这座千年历史文化名城的常态。

通过保护黄河流域修复生态系统，这座爱水缺水的城市有了凤凰涅槃式的蝶变，天更蓝了、水更清了、地更绿了，被评为"全国十大美好生活城市"，普通百姓在家门口就能"看得见一城山色、听得见泉水叮咚"，群众的获得感、幸福感、安全感持续提升。

蓝天下的泉城广场（图片由济南日报报业集团提供）

2. 从"经济龙头"走向"核心增长极"

"乘势一跨"，并非是单纯的空间格局上的跨越，更是在发展战略、发展理念、发展方向、发展能级上的跨越。

作为全国第三经济大省的省会、全国历史文化名城，济南理应有很强的"存在感"。可现实却恰恰相反，这座历史悠久的名城在过去很长一段时间被人忽略，甚至默默承受了不少负面的称谓。

时间回到 2008 年，当时有媒体撰文形容济南"温吞、缓慢、内敛、保守"，是一座"钝感之城"。后来，又有媒体将济南称为"无感之城"，称其"不上不下，不好不坏，不吵不闹"。

作为全国唯一一个拥有全部联合国所分 41 个工业大类的省份，经济大省山东产业体系门类齐全，经济总量常年位居全国前三。但是，能源原材料产业占比较高，也导致山东高耗能、高排放问题突出。

济南也面临着类似的困扰。济南工业有过辉煌时光，在 41 个工业大类中，济南拥有 38 个，是全国拥有工业门类最多的城市之一。济南轻骑、小鸭洗衣机、康巴丝等品牌曾经享誉全国。

然而，在工业结构调整和技术创新变革的大潮中，济南的荣光先后凋零。济南的经济总量，在全省排名中也一度落到第三位。

济南站在发展的十字路口，该何去何从？

2018 年 6 月，习近平总书记视察济南时指出，创新发展、新旧动能转换，是我们能否过坎的关键。

这为济南迎头赶超、重振雄风指明了方向。

放眼全国，城市的竞争，是实力的竞争，是人才、科技、生态、产业的较量。实体经济强不强，制造业发达不发达，直接决定了城市的核心竞争力。从全国 20 强城市看，前十位的城市都是工业发达的城市。工业特别是先进制造业不强，工业增长乏力，产业做不强，链条连不起来，产业生态形不成，相关的教育、科研、文化、创新等要素就很难有效汇聚，高端人才更难以招得来、留得下，城市竞争力就会大大削弱。

正是从这三个维度，看懂济南对"工业强市"的渴望和向往。

2020 年 7 月 9 日，济南市委、市政府召开加快建设工业强市动员大会，发布加快工业强市建设"19 条"。

举全市之力实施工业强市战略，成为济南的"重头戏"！

工业如何强市？答案是靠项目！一个重大工业项目的落地，往往可以带动一个产业的兴起，甚至改变一个城市的地位。济南要想工业强市，就需要持之以恒抓项目，有重点地抓大项目、抓好项目，有选择地抓符合绿色低碳高质量发展标准的中小项目。

正是深谙项目对经济发展的决定性支撑作用，济南市近些年一直在招大引强、抓项目落地上下大气力，并先后把全年的工作主题定为"项目突破年""项目深化年"。

2020年2月12日，山东重工（济南莱芜）绿色智造产业城项目开工。该企业克服疫情、气候等带来的各种不利影响，在影响施工57天的情况下，2000多名建设者利用有效施工时间175天，夜以继日地奋战，实现了项目正式投产和首台整车——新一代黄河重卡下线。

2022年，比亚迪新能源乘用车及零部件产业园建设一期项目当年落地、当年开工、当年投产，从供地到首车下线仅用了11个月。一期项目投资150亿元，可实现工业产值400亿元。2022年11月30日，比亚迪济南基地首台整车正式下线；2023年8月9日，比亚迪第500万辆新能源汽车在同一基地下线；2024年3月25日，比亚迪汽车官宣，全新腾势N7作为比亚迪第700万辆新能源汽车在济南基地下线。

重大项目的接连投产，成为济南规模以上工业增长"大幅领先"、综合实力迅速跃升的重要驱动力。

发展，离不开创新。创新，驱动动能转换。

在科技创新的竞赛中，济南下好科技创新"先手棋"，蓄力跑出加速度。

作为"科创中国"首批试点城市，济南拥有全国重点实验室11家，省实验室3家、省重点实验室112家；国家企业技术中心32家、省级技术创新中心30家，院士工作站272家。全市省级新型研发机构已备案71家，组建科研团队200余个、吸纳青年科研人员5000余人。

以创建综合性国家科学中心为目标，济南加快推进齐鲁科创大走廊、中国科学院济南科创城、济南国际医学中心等重要载体建设，用好山东产业技术研究院、山东高等技术研究院等"四不像"机构平台，加快推进"从0到1"的原

山东产业技术研究院（图片由济南日报报业集团提供）

始创新，从"跟跑"到"并跑"、"领跑"的技术创新，从"单打独斗"到上下游联合的协同创新。

丰富的科技资源、完备的科创平台，让济南成为广大科研工作者实现"科研梦"的理想之城。被列入省、市多个重大战略发展规划的中国科学院济南科创城，植物基因编辑、轻型燃气轮机等一批先进技术领跑国内，甚至打破国际垄断。

济南十分清楚自身的潜力所在，推动制造业向高端化智能化绿色化迈进。夜空中的漫天繁星，其中一颗就是由济南量子技术研究院参与联合研制的量子卫星"济南一号"。作为世界首颗量子微纳卫星，"济南一号"使我国在世界上首次实现基于微纳卫星和小型化地面站之间的实时星地量子密钥分发，构建低成本、实用化的天地一体化量子保密通信网络。随着"济南一号""泉城一号"的成功发射，济南成为全国首个完成商业航天"通信、导航、遥感"

卫星全面布局的城市。以创建国家工业互联网示范区为契机，加快推进工业互联网创新发展，建成覆盖城乡的信息高速公路体系，入选全国首批"千兆城市"……

发展能级的跃升高度不断刷新。2012年，济南GDP为4812.68亿元。2020年，济南GDP突破万亿元大关，达到10140.9亿元，成功迈入"万亿俱乐部"。2023年，济南GDP突破1.27万亿元，比上年增长6.1%，总量和增速在全国26个过万亿城市中分别位居第十九位、第四位。

从2012年到2023年的11年时间，济南经济总量迈上8个"千亿级台阶"，高扬起山东经济发展的"龙头"。

在近些年的接续奋斗下，济南高质量发展的基础更加坚实，形成了十大发展优势：战略红利交汇叠加，交通网络四通八达，科技创新实力雄厚，数字赋能势头强劲，人才保障基础坚实，金融服务优势突出，营商环境持续优化，消费市场潜力巨大，城市品质生态宜居，人文环境厚重淳朴。

从"大明湖时代"迈入"黄河时代"，这"千年一跨"，是发展能级和综合实力的跨越。黄河重大国家战略下的济南，不再只是山东的"经济龙头"，还肩负着山东半岛城市群核心城市、黄河流域生态保护示范标杆和高质量发展核心增长极的重任。

实力与优势的双向加持，让济南成为名副其实的"核心增长极"。

3. 从"省会"走向"黄河流域中心城市"

黄河重大国家战略，从战略格局上赋予济南"黄河流域中心城市"的责任与使命。能不能扛起这份责任，考验的是一座城市的能力与担当。

能够成为"中心城市"，首先要有足够的空间和体量。

近些年，济南逐步长"大"。如今，面积已经突破1万平方千米，实有人口突破1000万。

乘势而起的奥体中心 CBD（图片由济南日报报业集团提供）

回顾济南的长"大"之路，其中一个重要节点是 2003 年"十字方针"的提出。2003 年 6 月 26 日的山东省委常委会扩大会议通过了济南新的总体框架规划，城市空间发展战略为"东拓、西进、南控、北跨、中疏"十字方针。

经过 17 年的发展，城市发展框架逐渐拉开。一系列的大事件，也成为济南人逐梦的重要节点。

2016 年，经国务院、山东省政府批复，同意撤销县级章丘市，设立济南市章丘区。

2017 年 12 月 1 日，"万里黄河第一隧"——济南黄河隧道破土动工，标志着新时期跨黄"三桥一隧"全面开建，"北跨"迈出重要一步，济南"东西狭长"的带状城市布局有了实质性突破。

2018 年，济南城市建设发展又迎来一个重要节点——建设新旧动能转换先行区，备受瞩目的"拥河北跨"成为现实。

2018年6月19日、8月16日，国务院、山东省政府先后下发文件，批复同意撤销济阳县，设立济南市济阳区。

2018年12月26日，国务院正式批复济南莱芜行政区划调整。调整之后的济南，面积增加了2246平方千米，总面积超过1万平方千米，GDP向着1万亿元迈进。"新济南"的空间版图实现了"人"字型的跨越，呈现昂首向前之势。

2021年8月19日，济南新旧动能转换起步区党工委、管委会正式挂牌。原来的济南新旧动能转换先行区变成了济南新旧动能转换起步区。

2024年3月8日，山东省政府公布《济南都市圈发展规划》。根据规划，济南都市圈以济南市为中心，与联系紧密的淄博市、泰安市、德州市、聊城市、

清晨的济南新城（摄影 徐宁）

滨州市共同组成。主要包括济南市全域，淄博市张店区、淄川区、周村区、临淄区，泰安市泰山区、岱岳区、肥城市，德州市临邑县、齐河县、禹城市，聊城市茌平区、东阿县，滨州市邹平市，面积约 2.23 万平方千米，常住人口约 1810 万人。

根据规划，济南都市圈将统筹黄河、泰山两大生态系统，突出"山河交融、中心引领、轴带支撑、全域协调"发展导向，构建核心引领、轴线展开、多点支撑的网络化都市圈发展格局。

济南的空间、格局迈上了一个全新的高度。

黄河奔腾万里东流入海，勾勒出区域协调发展的一条清晰脉络。

作为黄河流域中心城市，济南与沿黄兄弟城市在推进区域协调发展的大道上不断深化合作。

济南发挥黄河流域多领域合作联盟引领作用，持续推进沿黄流域要素集聚及产业合作。其中，黄河流域自贸试验区联盟以"自贸＋黄河"融合为方向，与沿黄各省（区）在五大领域签署14项合作协议，与西安、郑州等9个自贸片区实现政务服务沿黄通办，在全国首创自贸领域东西协作模式，共同推动重点产业协同出海，加快黄河流域一体化开放发展。

2023年12月8日，随着济郑高铁全线贯通，坐落在大河之畔的济南和郑州实现高铁直达，最快只需1小时43分钟，沿黄"一字型"综合运输通道也随之更加通畅，为沿黄发展注入新动能。

开放的脚步不仅沿着黄河迈进。《黄河流域生态保护和高质量发展规划纲要》中明确提出，支持济南等沿黄大城市建设黄河流域对外开放门户。

对于济南而言，开放包容是这座城市的"基因"。1904年千年古城济南自开商埠，成为中国近代史上第一个主动自开商埠的内陆大城市。

济南中央商务区发展提速（摄影 卢震）

济南是"一带一路"重要战略支点、新亚欧大陆桥经济走廊的主要节点。中欧班列已成为济南与共建"一带一路"国家互联互通的重要载体纽带。2023 年，济南中欧班列开行数量首次突破千列大关，居全省第一位。2024 年一季度开行 179 列次，同比增加 7.2%。聚焦四大主导产业和十大标志性产业链群，济南组织参与儒商大会、中日产业创新发展交流大会、民营企业 500 强峰会等推介活动，依托驻日本、德国国际投资促进联络站，精准获取境外投资信息。

与此同时，济南致力于融入和服务新发展格局，深化改革创新实现新跨越，重点领域关键环节改革取得新的突破，对外开放实现新跨越，"一带一路"重要节点城市建设取得重大进展，开放型经济发展水平显著提高。

济南，不再只是"大明湖时代"的一个"省会"，更是"黄河时代"的一个全新的"大河之城"。

（二）结语

从一个时代迈向新的时代，对城市而言是全方位的嬗变。

于济南来说，"黄河文章"的书写，给了这座千年古城千载难逢的跨越式发展机遇。许多人眼中的"钝感之城"早已不见了踪影，正在从"量的积累"向"质的跃升"转变。

融入和服务国家大局，济南只是走好了开启新征程的第一步。在新发展格局之下，济南衔接南北、贯通东西、联通世界的战略区位优势更加彰显，经济发展模式更契合新发展格局要求，加强区域间城市协同合作的独特条件更加突出，为在服务和融入新发展格局中"变道超车"创造了有利条件。

融入大局，济南，变了！

二、先行先试，为国家试政策、为发展试路子

推进中国式现代化，是一项前无古人的开创性事业，是一个系统工程，需要统筹兼顾、系统谋划、整体推进。

改革开放，是决定当代中国命运的关键一招，也是决定中国式现代化成败的关键一招。

改革行进到"深水区"，能够摸着过河的"石头"已经不多了，前方遇到的都是难啃的"硬骨头"，没有"闯"的精神不行，没有"试"的勇气不行，没有"磨"的韧劲不行。

推进中国式现代化，每一城、每一域都有先行先试的责任。融入发展大局，把握时代机遇，承载战略红利，必须同时承担起为国家试政策、为发展试路子的责任。

作为经济大省的省会、黄河流域中心城市、国家特大城市，济南自然要冲在先行先试的前头。

近年来，济南作为改革热度指数排名省会城市第一位、营商环境评价居全国第九位的城市，对标国际一流、国内先进，大力弘扬"首创"精神，坚持发展出题目、改革做文章，精准高效打出改革"组合拳"，创新开展多领域、多层次的改革实践，努力在践行重大国家战略中乘势而起、跃升能级，在构建新发

展格局中暴发蓬勃的动能。

济南的先行先试，全国在"围观"！

（一）破立之间，在中国式现代化实践中闯路子

对一个 GDP 总量位居全国第三的经济大省的省会而言，济南的首位度比较低，需要一场凤凰涅槃式的质变。

质变不易，向来是一个在隐忍蛰伏、滚石上山、遇难克难中反复经历和脱胎换骨的过程。

不破不立。在"破"与"立"的相互交织中，济南志在"变道换向"和"弯道超车"。

2021 年 4 月 25 日，国务院批复同意《济南新旧动能转换起步区建设实施方案》。

2022 年 8 月，国务院印发《关于支持山东深化新旧动能转换推动绿色低碳高质量发展的意见》，赋予了山东建设绿色低碳高质量发展先行区的重大使命。

山东是南北过渡的重要节点，在推动区域协调发展中具有重要地位。在山东推进新旧动能转换和绿色低碳高质量发展，对全国特别是北方地区的高质量发展，具有重要的支撑和带动意义。

于济南而言，承担着建设新旧动能转换起步区的重任。这是继雄安新区起步区之后的全国第二个起步区，是济南引领黄河流域生态保护和高质量发展、服务构建新发展格局的战略支点和动力引擎，对济南未来建设发展意义重大。济南新旧动能转换起步区是新旧动能转换的"试验田"，无论是产业培育，还是城市布局、生态治理等，都承载着济南发展的未来。

唯改革者进，唯创新者强，惟改革创新者胜。唯有站在服从、服务和融入

国家战略的最前沿，以更加宽阔的视野，深化改革、先行先试、创新探索，才能充分发挥国家战略叠加优势、放大国家战略效应。

1. "四区叠加"，大河之畔的未来希望之城

黄河重大国家战略，为济南在大河之畔孕育出一座未来之城——济南新旧动能转换起步区。

起步区是《黄河流域生态保护和高质量发展规划纲要》中明确的新设立的实体性新区，可复制自由贸易试验区、国家级新区、国家自主创新示范区和全面创新改革试验区经验政策，体制机制灵活、开放底色鲜明、创新动能强劲。

"四区叠加"，能带来怎样一座新城？能为黄河流域生态保护和高质量发展带来怎样的赋能？

国家想知道答案，山东、济南同样想知道这张答卷会是什么样子！

规划建设中的新旧动能转换起步区（摄影 王仁锋）

地处新旧动能转换起步区的济南黄河国际会展中心（图片由济南新旧动能转换起步区提供）

从 2021 年 4 月获批以来，济南起步区在产业、交通、生态、民生等方面立梁架柱、夯基垒台，产业向新、生态逐绿、生活添彩……一幅生机勃勃的画卷舒展开来。

近几年，起步区加快成形起势，特别是引进了比亚迪、爱旭太阳能电池等超级项目，各项经济指标增幅"飙升"：2023 年全域实现地区生产总值 370 亿元，较 2020 年增长 101%；固定资产投资较 2020 年增长 201%；规上工业总产值较 2020 年增长 227%。黄河国际会展中心、黄河大道、黄河体育中心等大批标志性建筑加速崛起。全面实行"大部制、扁平化"管理模式，适应新区建设发展需要。成功推出了全省首个新业态食品经营试点、首张自动制售设备食品经营许可证、首批"代位注销"等一批首创性经验，"国际标准地招商产业园起步区片区 F–1 地块"成为省市首个建筑师负责制项目……

2024 年 3 月 14 日，济南起步区迎来了一件大事，山东省委常委会十分罕见地将会场"搬"到了起步区，同步举行的还有山东省绿色低碳高质量发展先行区建设领导小组会议。

山东省委常委会会议向来研究的是关系山东长远发展、全省中心工作的大事、要事，很少"外出"开会。这一次，省委常委一起到济南起步区调研项目建设，甚至把会场临时"搬"到起步区管委会。

这不同寻常的举动，恰恰展现出济南起步区突破性的一面——山东、济南一体推进建设！

济南起步区对标的是雄安新区、浦东新区。从规划到建设备受社会各界重视，必须高标准、高水平推进。

2022年5月20日，山东省推进济南新旧动能转换起步区建设工作领导小组召开第一次会议，研究《济南新旧动能转换起步区发展规划（2021—2035年)》等相关规划。

引人关注的是，省委书记和省长都以"领导小组组长"的身份出席并讲话。省委书记、省长"双组长"领导推进机制的构建，充分说明了山东省委、省政府对济南起步区规划建设的"高度重视"和"顶格推进"。从上而下的"加力"推进，让济南起步区规划建设迅速起势。

三年来，济南起步区更是多次站上全国、全省重要平台，获得专属推介宣传机会。2023年2月，山东省高质量发展重大项目建设现场推进会将主会场设在了济南起步区比亚迪智能车零部件配套产业园项目现场；在2023年9月举行的2023中国民营企业500强峰会暨全国优强民营企业助力山东绿色低碳高质量发展大会开幕式上，起步区获得了唯一的大会推介机会；在全国第一批城市和产业园区减污降碳协同创新试点名单中，起步区作为济南市唯一的试点产业园区入选；2024年2月，山东省高质量发展重大项目建设现场推进会继续在济南起步区举行，主会场设在了爱旭太阳能高效电池组件一期项目，这是春季全省重大项目建设现场推进会连续第二年在济南起步区举行。

起步区既是济南推动新旧动能转换的主战场，也是落实黄河流域生态保护和高质量发展重大国家战略的主阵地。

从一开始，起步区就在规划蓝图上下足了功夫，邀请了国内外顶尖专家在798 平方千米上"从容作画"，持续完善"1+4+16+N"规划体系。

谋划好蓝图之后，这座未来希望之城的经济发展、片区建设可谓突飞猛进。

主要经济指标增幅飙升：2023 年，济南起步区地区生产总值突破 100 亿元（113.2 亿元）、增长 37.8%，规上工业增加值增长 595.8%，固定资产投资增长 48.5%。

赛迪顾问发布城市新区发展潜力百强（2023）榜单，济南新旧动能转换起步区位列第六。

新城崛起，交通先行。

俯瞰黄河，连接起步区与主城区的凤凰大桥、济泺路穿黄隧道、石济客专公铁两用桥等"8 桥 1 隧"已建成通车；黄河大桥复线桥、黄岗路隧道、齐鲁大桥、航天大道穿黄隧道等"3 桥 2 隧"正在建设。目前，起步区范围内已规划跨河通道 21 条，平均每 2.2 千米就有 1 处，跨黄桥隧犹如一条条纽带将起步区与济南主城区紧紧连接。

开车穿过有"万里黄河第一隧"之称的济泺路穿黄隧道，仅用 5 分钟即可从黄河南岸到达起步区，这里吊塔林立、机械轰鸣，一个个大项目正在紧张建设中。

起步区建设如同在"一张白纸"上挥毫泼墨，各项设施几乎是"从零起步"。三年来，这里从一幅大开大合的写意图，正一步步打磨成为精工细作的工笔画。

起步区成形起势，离不开产业集聚的支撑。

起步区确立以新一代信息技术、高端装备与智能制造、新能源新材料为主体，以高端服务业为支撑的产业发展方向，2023 年引进产业类项目 43 个，总投资 1051 亿元，其中 500 强企业项目 12 个。

一座新城，如何让"两山论"落地，让绿色成为底色？

治理黄河，重在保护，要在治理。生态保护是落实黄河重大国家战略的首要任务。无论是从发展空间还是从基础资源看，济南起步区的"绿色之笔"更有能力画出一幅"生态美图"。

怎么画？济南起步区提出规划建设EBD（生态商务区）。生态商务区，源于西方后工业时代生态城市理念，是一种全新的城市形态和产业园区形态。全球范围内，以纽约曼哈顿、东京新宿、上海长风生态商务区为典型代表。相较于传统的城市商务中心，生态商务区模式纠正了传统的城市发展观，注重科技推动产业和经济发展的同时，更注重对以人为本、生态保护的城市空间的营造。

生态商务区选址在济南城市副中心的大桥组团，是起步区未来新城的地标性区域。和CBD（中央商务区）不同，生态商务区更注重营造以人为本、生态保护的城市空间，也是起步区践行绿色低碳高质量发展的"现实作品"。

城园相融的空间格局：规划以构建"中国式现代化田园城市示范区"为目标，提出"轴带连园融四区"的空间结构；产城融合的创新组团：示范区构建以绿色低碳为导向的创新产业体系，布局总部经济、科创金融、科研办公及都市阳台四大功能组团；绿色低碳的活力网络：规划突出以TOD为导向的发展模式，建立轨道交通、接驳线和常规交通相结合的多元公交体系，提高公共交通的便捷性。

济南起步区的生态商务区正在积极实施，未来将与中央商务区遥相呼应，成为绿色低碳发展地方探索的新范式。

2024年3月14日在济南起步区召开的山东省委常委会会议暨省绿色低碳高质量发展先行区建设领导小组会议，是举全省之力加快起步区建设的新契机。这次会议专题研究了山东省绿色低碳高质量发展先行区建设、济南新旧动能转换起步区建设工作，审议了《山东省绿色低碳高质量发展先行区建设工作情况报告》等有关文件，体现了省委对推进起步区、先行区建设的高度重视。

会上也明确了济南起步区在全省发展中的重要地位——济南起步区是推动绿色低碳高质量发展先行区建设的重要载体平台，也是促进全省高质量发展的重要增长极。

展望未来，黄河北岸这座绿色智慧宜居的新城正在加快拔地而起的步伐，成为推动济南以及山东区域发展能级的新支点。

2. 科创金融，一场"国家试验"选择了济南

自古以来，人们常用"第一个吃螃蟹"来形容敢于尝试和创新的勇者。

面对未知难料的"水域"和可能出现的"险滩"，迈出第一步的确需要非凡的勇气，而"破冰"之后继续向前"涉水"更是需要足够的毅力。

以科技发展来建设中国式现代化、建成现代经济体系，需要攻坚克难的科技"高峰"和充盈血脉的金融"活水"。

2021 年 11 月 25 日，经国务院同意，中国人民银行等国家八部委联合印发《山东省济南市建设科创金融改革试验区总体方案》，济南正式获批全国首个科创金融改革试验区，开始在科创金融这个新鲜领域"第一个吃螃蟹"。

科技创新与金融，怎么产生"火花"？科技创新如何更便捷地得到金融资源的支持？金融怎么才能打通支持创新、支持实体的通道？这些问题是济南的这场"试验"需要回答的几个关键问题。

任何的试验、试点，都是去探索未知的路子，总会面临这样那样的风险。然而，济南不惧挑战，毅然挑起了"为国家试政策、为发展试路子"的担子。

为什么这次科创金融的试验国家会选择济南？

从三个维度来看，济南的确是最佳选择。

第一个维度，济南的科技创新基础好、实力强。

目前，济南高新技术产业占比达到 56% 以上。充足的创新要素资源，为各类市场主体蓬勃发展提供了丰沛的源头活水。作为"科创中国"首批试点城市，

济南综合科技创新指数稳居山东首位，在国家创新型城市中居第十三位。

第二个维度，济南的金融业势头好、发展快。

济南正在加快建设区域性金融中心，金融服务支撑更加有力。2022年全市金融业增加值同比增长7.6%，增速分别高于全国、全省2个和1.6个百分点；金融机构本外币贷款余额同比增长12%，增速分别高于全国、全省1.6和0.3个百分点；金融机构本外币存款余额较年初增加2504亿元，增量创历史新高；保费收入631.9亿元，同比增长6.2%，高于全省1.6个百分点；获批数字人民币试点城市；银行业金融机构不良贷款率降至0.9%；金融辅导和防范非法集资的先进经验做法在全国推广。

第三个维度，万亿之城的改革试验普适性。

随着经济快速发展，跨入万亿经济体量门槛的城市越来越多。济南地区生产总值从2016年的6536.1亿元增长到2023年的12757.4亿元，一般公共预算收入超过1000亿元，形成了地区生产总值年增量、一般公共预算收入"双千亿"的经济结构。

在济南这种科技创新基础好、金融机构相对集聚、综合实力刚迈上"万亿台阶"的城市，开展科创金融改革试验，探索出的模式路径，放眼全国更有借鉴推广价值。

两年多的试验试点，济南果真闯出了一条路子！

建立政企共建、财金联动、专营支撑、产品保障、区域聚焦、上市引领、科技赋能等七大机制，全力打造科创金融体系，不断强化科技金融支撑，试验区建设取得阶段性成效。

——顶格推进科创金融改革机制。济南成立由市委书记、市长任双组长的试验区建设领导小组，推动驻济重点金融机构在高管层成立科创金融改革领导小组或科创金融创新委员会，出台《济南市金融机构服务科技创新效果评估实施方案》。

中科科技园（摄影　牟艳军）

——财政金融政策联动。济南出台"科创金融十条"，用真金白银撬动金融资本支持科技创新。积极发挥结构性货币政策工具激励引导作用，创设 50 亿元的"央行资金科创贷"和 20 亿元的"央行资金科创贴"。通过"基金＋直投"双轮驱动模式，依托国有投资机构参与组建基金 48 只，规模近 500 亿元，放大倍数超过 5 倍。

——健全科创金融组织体系。在全国率先探索制定以"六专机制"为核心的科技金融机构建设指引和评价标准，先行在济南科创金融改革试验区试行。打造"海右"路演和"齐鲁企舞"路演投融资品牌，全市集聚私募基金管理机构 198 家，管理基金 762 只，管理规模 1185 亿元。

——创设科创金融专属产品。济南引导金融机构推出"科创贷""投联贷""科融贷""北交所科技上市贷""瞪羚科技贷"等 68 项科创企业专项信贷产品，实现融资支持 102 亿元。创新"济担－科创贷""专精特新贷"等科创担保产品，截至 2023 年 9 月末，服务科创企业 1999 家，担保金额 23.44 亿元。

——拓宽直接融资渠道。完善与各大证券交易所对接机制，推动上海证券交易所、深圳证券交易所、北京证券交易所及全国股转系统设立了山东服务基地，构筑资本市场专业服务生态圈。试验区获批以来，累计上市企业11家，其中科创板1家、创业板4家、北京证券交易所2家，均为科创型企业。目前，全市共有科创板上市公司6家，数量居全省首位，实现IPO融资83.59亿元；创业板上市公司11家，实现IPO融资57.89亿元。

——聚焦科创重点片区突破。济南在金融资源和科创资源最为集聚的历下区和济南高新区分别打造中央商务区和中央科创区（CTD）两个科创金融增长极，集中优势资源进行重点突破。

——科技及人才等要素赋能。深化金融科技底层技术创新，构建"资金流""技术流""人才流"多元融合的科创企业授信评价体系；探索"金融辅导员+科技辅导员"服务模式，建立科技辅导员专家库，搭建企业"融资+融技+融智"三位一体服务格局。

这些突破和创新都含金量十足，具有借鉴推广价值。全国首个科创金融改革试验区带来的政策红利效应和预期引导效应，已经在济南得到了充分显现。

未来，这场"国家试验"还会继续探索下去。

3. 热度第一，"关键一招"领风气之先

改革开放是决定当代中国命运的关键一招，也是决定实现"两个一百年"奋斗目标、实现中华民族伟大复兴的关键一招。

改革进入深水区，剩下的都是难啃的硬骨头，但是再难也要向前推进。

由中国经济体制改革研究会发布的《中国改革热度第三方评估报告》显示，济南市改革热度指数始终位居全国副省级城市前茅，山东省内首位。

作为中国改革的权威发布期刊，《改革内参》更是聚焦济南，以5篇报道、19页篇幅的规模，重点报道了"新发展格局下的济南改革创新实践"，引发各界广泛关注。

全球隐形冠军费斯托在济南投资的全球生产中心项目，一天内同时取得建设用地规划许可证、不动产权证书、建设工程规划许可证、建筑工程施工许可证，实现四证齐发，刷新了济南市建设项目快速审批的新纪录，创造了建设领域规模以上外资项目快速审批的全国第一，"拿地即开工"模式被国务院在全国复制推广。

济南改革热度位居"省会第一"，改革创新实践吸引中国改革权威媒体聚焦，这样的成绩并不令人意外。

在此之前，无论是 GDP 突破万亿元大关、全国文明城市创建，还是营商环境、综合科创水平，"领跑全省""全省首位""第一等""走在前列"的济南位次频频发布，千年古城让人们看到了她活力澎湃的一面。

活力澎湃，源自坚持发展出题目、改革做文章。

面对错综复杂的国际国内形势，面对日趋激烈的地区间竞争，济南始终强势推进改革创新，一幅改革助力济南高质量发展的壮阔画卷，在一万多平方公里的土地上徐徐展开。

系统推进战略平台集成改革，统筹推进"东强、西兴、南美、北起、中优"，起步区"一核引领"，自贸区、综保区"双轮驱动"，中央商务区、国际医学中心、长清大学城"三箭齐发"；系统推进动能转换集成改革，坚持把"工业强市"作为经济社会发展的主战略，创新实施"链长制"；系统推进创新驱动集成改革，推动 13 家"中科系"科研院所、58 家"四不像"研发机构先后落地；系统推进要素赋能集成改革，建立健全"要素跟着项目走"工作机制，获批全国第一个科创金融改革试验区，入选全国首批中小企业数字化转型试点城市；系统推进营商环境集成改革，成立全国首个省会城市企业服务中心；系统推进农业农村集成改革，不断巩固拓展脱贫攻坚成果同乡村振兴有效衔接；系统推进社会治理集成改革，把"市域综合治理"改革作为提升城市治理能力的突破点；系统推进民生事业集成改革，把民生服务放在离群众最近的地方；系统推进生态文明集成改革，坚持"治水、治气、治土"协同；系统推进党建纪检集成改革，率先在全国出台正向激励实施办法……

"要素驱动"曾经是济南经济发展的最大动能，随着其边际效应逐步达到临界，济南发展的动能日益减弱。

如何破解？济南用改革的办法闯出一条新路。

瞄准未来竞争优势，创新运用市场化手段，全方位激活科技、人才、金融等资源，全面优化经济发展环境，让"创新驱动"再次激活城市发展引擎。

科技改革向更深处攻坚，强力推进科研管理体制机制改革，山东产业技术研究院、山东高等技术研究院等"四不像"机构相继组建。中国科学院、山东省、济南市共建济南科创城，落地13家"中科系"科研院所和"电磁驱动高速测试装置"等战略科技力量，获批国家新一代人工智能创新发展试验区，综合创新水平指数连续多年居全省第一位。

济南科研载体汇聚（图片由济南日报报业集团提供）

人才改革破除制约和羁绊，在副省级以上城市中第一个全面放开落户限制，在全国 100 个大中城市人才吸引力排名中跃居全国第八、稳居全省第一。济南"人才赋能"制度系统性改革入选"中国改革十佳案例"，《打造"天下泉城·人来无忧"服务体系　持续深化人才发展体制机制改革》获评"中国改革 2024 年度地方全面深化改革城市案例"，连续三年获评"中国最佳引才城市"，入选"2024 全国人才友好城市"、"2024 全国最具人才吸引力城市"和"2024 年全国最佳人才发展生态城市"。

营商环境没有最优只有更优，济南成功入选"新时代 10 年地方改革与发展深度融合特别案例"，连续 4 年在全省营商环境评价考核中获得一等，先后获得"中国国际化营商环境建设标杆城市""高质量发展营商环境最佳城市"等，在全国纳税人满意度调查中位列所有副省级城市、省会城市第一名。

现在的济南，热带雨林般的创新生态圈、人才生态圈加速成型，越来越多的"城市合伙人"找到了事业舞台、成就了人生价值。

蝶变的背后，是思想观念的转变。用好改革"关键一招"，越来越成为济南解决前进中问题和障碍的"金钥匙"。济南从思想观念的破旧立新入手，先后组织高规格党政代表团北上北京、雄安，南下上海、杭州，西进郑州、西安，让党员干部提升素质，使干部的思想观念、思维方式、思路方法发生了根本变化。

工作标准不一样，改革成效大不一样，境界标准之于改革成效具有乘数效应。济南市把推进改革的坐标定位于上海、深圳等先进城市，谋一流、争一流、创一流，对标对表、同步学习，在破除各方面体制机制弊端、调整深层次利益格局上完成了一些硬任务。

发展前进一步，就需要改革前进一步。经济发展中很多问题不是周期性的，而是结构性的。济南坚持向改革要动力，向活力要红利，在推进新旧动能转换过程中精准发力，步伐稳健，推进有序，既有绵绵用力、久久为功的韧劲，也有立说力行、立竿见影的狠劲。比如，济南市出台《关于加快建设工业强市的实施意见》，聚焦供给侧结构性改革主线，紧紧扭住"调结构转方式"，推出 19 条含金量高、针对性强的举措，努力为企业营造低物流、低税费、低要素、低融通、低物业的"五低"成本环境。

犯其至难，而图其至远。全面深化改革，总是向最难处攻坚、向最关键处挺进。事实证明，用好"关键一招"，这座城市就能找回曾经自主开埠时的领风气之先！

4. 凤凰展翅，自贸试验区打开通往世界之窗

"浩渺行无极，扬帆但信风。"

综观世界著名城市的发展史，每一座城市的崛起总有那么几个至关重要的节点。

新旧动能转换起步区（摄影 王仁锋）

说起济南的先行先试，一定要说一下中国（山东）自由贸易试验区。打开山东自贸试验区济南片区 37.99 平方公里的地图，就会看到其如一只振翅高飞的凤凰。如果说黄河重大国家战略让济南融入和服务发展大局，拓展了城市发展的空间，在区域协调发展战略中不断实现能级跃升，那么自贸试验区济南片区的设立，为这座不靠海的内陆城市打开了一扇通往世界的新窗户。

自贸试验区的关键词就是"改革"。

2013 年 9 月 29 日，中国第一个自贸试验区在上海外高桥基隆路 9 号正式挂牌运行，掀开了改革新篇章。在国家层面复制推广的 302 项自贸试验区制度创新成果中，近一半源自上海首创或同步先行先试，展现了勇于改革的活力。

济南片区自 2019 年获批以来，加强改革创新系统集成，推进产业升级动能转换，聚力服务国家战略、赋能济南发展，跑步赶超成为改革开放的"排头兵"。

凤凰展翅，服务和融入国家战略。

自贸试验区济南片区搭建了一个平台，畅通文化出海通道，服务黄河重大国家战略。

黄河流域首家"国家文化出口基地"和"国家对外文化贸易基地"在济南申建。依托黄河流域文化出口公共服务平台，与青海、甘肃、陕西、河南等沿黄四省500多家中小文化企业签订入驻协议，形成品牌孵化、产品制造、供应链金融、海外推广全链条服务体系，服务全国2000多家非遗工坊。与意大利CM集团等世界知名品牌合作开发文化融合产品，促进中国文化走向世界。与法国LEO等海外公司合作建设9个海外文化驿站、5个海外仓，打造了文化出海航母。

自贸试验区济南片区搭建了一座桥梁，畅通中医药出海通道，链接粤港澳大湾区战略。

济南片区与广东自贸试验区横琴新区片区签订合作协议，构建"济南—横琴—澳门"中医药联动创新机制。借助澳门完善的中医药国际标准体系和国家赋予横琴片区中医药改革创新事权独特优势，推动共建鲁澳中医药产业研究院，建设鲁澳中医药合作中心，开展中药创新药、中药改良型新药成果转化、注册上市和规模生产，推动宏济堂等6家中医药企业在澳门成功注册，形成了面向葡语系国家的新兴国际市场，推动了中医药"借澳出海"的国际化发展。

自贸试验区济南片区搭建了一个载体，畅通新业态联动通道，对接京津冀协同发展战略。

济南片区创新医疗器械进口贸易模式，借鉴天津自贸试验区平行进口汽车模式，在国际市场直接采购进口符合国家监管要求的医疗器械产品，打破医疗器械进口被国外厂家总代垄断局面，降低产品价格50%以上。创新融资租赁产业发展政策措施，推动济南金控在综保区设立SPV公司，为融资租赁、保税维修等新业态发展奠定了基础。

越改革越开放，越开放越发展。近些年，济南片区以制度创新服务产业发展、助力项目建设，改革开放"试验田"和开放型经济发展强引擎的作用日益凸显。

开放的引力场正在形成。2023 年，济南片区全年新设企业 1.8 万家，占全市 17.5%。完成进出口额 787.3 亿元，同比增长 7.6%，占全市 36.4%。实际使用外资 10.5 亿美元，同比增长 9%，占全市 42.5%。全年形成 60 个制度创新成果，网络货运平台涉税服务管理"票 e 真"模式入选商务部第五批自贸试验区"最佳实践案例"，7 项创新做法入选 2023 年《中国自由贸易试验区发展报告》，"数字黄河链公积金跨域无证明通办"等 10 项案例在全省复制推广。

创新的引力场正在加速。济南片区突出流程化、制度化，建立制度创新挖掘策源、完善提升、评估上报等全流程闭环机制，推动形成"激励创新者、保护突破者、鞭策落后者"的创新氛围。突出系统化、集成化，建设省内国际贸易"单一窗口"自贸特色专区，整合国际运贸等数字化创新服务平台，大力拓展外贸全链条数字化服务体系。突出精准化、特色化，全国率先实施推广"首席标准官"制度，建立自贸试验区 RCEP 标准化创新合作交流中心，推动华熙生物等试点企业牵头制定行业标准。

产业的引力场正在加力。济南片区以产业发展为导向，构建全链条赋能体系。推动医养健康产业强势发展，建设先进医疗技术临床转化产业服务平台和全省首个细胞与基因治疗产业促进平台，为企业提供研发、生产、转化等全链条服务。推动国际贸易提档升级，依托"链上自贸"保税展销服务平台，建设跨境商品展示体验中心，打造"保税甄选"品牌。建设全国首个文化出口和文化贸易"双基地"，打通 9 省博物馆文化"出海"新路径。推动数字经济创新发展，出台全省首个自贸片区数据要素创新发展措施，率先打造跨境数字服务平台，提升国际化服务能力和数字化赋能水平。推动金融产业模式创新，全省首创医疗设备跨境融资租赁新模式，医用血管造影 X 射线机等一批医疗设备出口

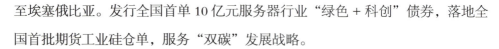

至埃塞俄比亚。发行全国首单 10 亿元服务器行业"绿色＋科创"债券，落地全国首批期货工业硅仓单，服务"双碳"发展战略。

服务的引力场正在聚势。济南片区以优化营商环境为重点，构建全周期服务体系。提升政务服务便利化水平，承接 121 项省级权力事项，累计办理业务 2000 余件。实施"验资通"改革，2 类事项无需提交验资报告。全省率先推出"无感续证"审批服务新模式，11 类事项实现证照到期前精准提醒。提升要素资源保障水平，全国首创"商事贷"融资对接平台，为中小企业放贷总额超 1 亿元。构建全国首个自贸联盟内外国人工作许可互认机制，跨域代办外国人才工作、居留许可等业务。提升法治化营商环境，联合 9 部门出台助推民营经济高质量发展若干意见。引进设立济南片区国际仲裁院、中日韩国际商事调解中心等平台载体，为企业提供涉外法律服务。

济南这座千年古城，经历了"大明湖时代"的一城山色，又在"黄河时代"的新旧动能转换起步区、山东自贸试验区济南片区这两大国家战略交汇下，迈入了实现"量质齐升"的关键机遇期。

济南，正在凭借深化改革激发出的动力，实现能级的跃升、首位度的提升，展示出了蓬勃的活力！

（二）结语

推进中国式现代化，需要敢想敢干、敢闯敢试。承担为国家试政策、为发展试路子的重任，济南义不容辞。

2018 年 1 月 3 日、2021 年 4 月 25 日——两个时间点，国务院两次关于新旧动能转换的批复，让济南新旧动能转换先行区完成了向济南新旧动能转换起步区的嬗变，迈入了全新的发展阶段。

于产业结构偏重的山东而言，起步区是产业转型升级、新旧动能顺利转换的先行先试之区；于发展空间不足、实力正在爬坡的济南而言，起步区不仅是动能转换的先锋之地，更是打破东西狭长发展空间局限、实现经济发展规模大幅提升、从"大明湖时代"一跃而入"黄河时代"的重要空间载体。

作为党的十九大以后国务院批复的首个区域性国家发展战略，新旧动能转换是国家赋予山东全省的重大历史使命，也是重要机遇。被国家战略"点名"的起步区，自然应当冲在新旧动能转换的最前沿。

黄河流域生态保护和高质量发展上升为重大国家战略，亟须从为山东一域新旧动能转换先行先试的层面，上升到从践行重大国家战略高度为黄河流域生态保护和高质量发展当引领、作示范的层面，在时代大势的推动下必须实现从承担"探索先行"到担负"国家使命"的转变。

随着格局之变、使命之变、事业之变、动力之变，济南新旧动能转换起步区这颗"镶嵌在黄河流域最具现代化特征的璀璨明珠"正逐渐绽放出灿烂光彩。

"复制自由贸易试验区、国家级新区、国家自主创新示范区和全面创新改革试验区经验政策"，"四区叠加"正在起步区建设中不断释放政策红利。同时，山东自贸试验区济南片区的加快建设，全国首个科创金融改革试验区落户济南，这些战略优势的交汇叠加、改革发展的先行先试、高质量发展的创新突破，让济南的综合实力不断跃升，也为强省会建设创造了更大发展机遇和空间。

三、瞄准"六字"，强省会战略站上"新风口"

推进中国式现代化，要充分发挥龙头带动和示范引领作用。

省会强则全省强，省会兴则全省兴。在区域协调发展格局中，省会对于周边乃至全省的"龙头带动"和"示范引领"作用十分突出。推动强省会建设，是经济发展和区域发展的规律使然。从城市化发展趋势看，提高区域中心城市辐射带动能力，已成为各地培育建设城市群和都市圈的重要抓手。省会城市作为区域内行政资源、人才资源、科技资源、金融资源等发展要素的集中承载地，在成为省域发展引擎方面，有着先天优势。

"万山磅礴必有主峰，龙衮九章但挚一领。"济南城市面积超过 1 万平方公里，实有人口超过 1000 万，2020 年首次跻身于"GDP 万亿级俱乐部"，在我国北方城市发展中占据重要地位。2023 年，山东省要求济南"深入落实黄河重大国家战略""推动绿色低碳高质量发展先行区建设全面起势""争取济南、青岛都市圈发展规划获批"……一系列重点工作赋予了省会济南勇挑重任的使命要求。

济南强省会战略的坚持与发展，是落实国家、省重大战略的责任，更因此带来了巨大发展机遇。

（一）强省会与"强新优富美高"

加快建设强省会，顺应当前山东发展趋势，是对济南发展赋予的新使命，也是济南发展的新机遇和强动力。

多年来，建设强省会一直是济南人孜孜不倦的追求，也是历届济南市委、市政府一脉相承的奋斗目标。特别是进入新时代，济南市委深入贯彻落实习近平总书记对山东、对济南工作的重要指示要求，深刻把握济南发展所处的历史方位和阶段性特征，因时因势，优化完善发展思路，不断赋予强省会新的内涵。

1. 强省会之梦，济南的"久久为功"

每一代人有每一代人的长征路，每一代人都要走好自己的长征路。

济南曾在很长时间内面临着"大省小省会"的尴尬，特别是随着周边省会城市借助省会战略加快崛起之后，济南面临与日俱增的竞争压力。

2015 年十届济南市委针对经济总量小、辐射带动力弱的主要矛盾，提出"打造'四个中心'、建设现代泉城"。经过三年多的努力，济南综合发展实力和辐射带动能力明显提升，首位度从 9.7% 上升到 10.27%。同时，城市的空间结构进一步优化，中央商务区、济南西客站、汉峪金谷等重点片区加快建设。2017 年，济南成功荣获第五届全国文明城市称号，城市发展能级迈上了一个新台阶，为强省会的建设提供了重要支撑和助力。

作为全国第三经济大省的省会，济南首位度长期排在全国省会城市倒数第一位。首位度过低，意味着省会无法充分发挥对全省的辐射带动作用。看到了问题所在，山东决定进一步强化省会的建设发展。2017 年，山东省第十一次党代会首次将"提高省会城市首位度"写入党代会报告。2018 年济南市委提出"提高省会城市首位度",同年省政府工作报告提出"实施强省会战略,支持济南建设国家中心城市"。济南的发展迎来重大利好和助力,2018年经济总量达到7856.6亿元,居全省第二位。

强省会,不是一朝一夕之功,需要持续发力、接续奋斗。2019年,十一届济南市委在打造"四个中心"的基础上,立足高质量发展新阶段新要求,针对当时济南存在的突出问题和主要矛盾,明确了强省会建设"大强美富通"的新内涵。这个时期,济南莱芜行政区划调整顺利完成,自贸区济南片区启动建设,济南综合保税区通过封关验收,全年重污染天数大幅下降,轨道交通从无到有,现代化立体交通网络基本形成,强省会建设的速度进一步加快。2019年经济总量连续迈过8000亿元、9000亿元两个千亿元台阶,达到9443.4亿元,首次跻身全国城市20强,距离"万亿大关"咫尺之遥。

关键时刻,强省会从省级层面得到全力支持。2020年12月,山东省委十一届十二次全会明确提出举全省之力实施省会战略,济南强则山东强。"山东走在前,济南作为省会,理应当好排头兵;山东建设强省,济南作为省会,理应先强起来。"2020年十一届济南市委着眼更好适应城市发展由空间拓展向高质量发展转型的内在需求,在提出建设"大强美富通"现代化国际大都市的基础上,进一步提出加快形成"东强、西兴、南美、北起、中优"城市发展新格局,主要目的是抢抓黄河重大国家战略,加快推进全域统筹协调发展。

强省会战略继续从省级层面延续。2021年1月,山东省政府工作报告首次明确提出强省会战略。同月,济南市两会提出:牢牢把握强省会战略实施和省市一体化推进济南加快发展重大机遇,聚焦"五个济南""五个中心",聚力"七个新跨越""十个新突破",推动新时代社会主义现代化强省会建设开好局、起好步。不久后,《中共济南市委济南市人民政府关于贯彻落实强省会战略的实施意见》印发,明确提出:在提升省会辐射带动能力上实现新突破,加强与周边区域的优势互补和协同发展,立足省内、带动周边、链接全球,在全国发展格局中的战略地位显著提升。

在一系列政策倾斜下，强省会战略开始奏效，济南的发展逐渐加速，2021年济南的经济首位度明显提升，较 2014 年提高了 4.06%，经济总量在 2020 年突破万亿元基础上，达到 11432.2 亿元、位次提升至全国城市第十八位，一般公共预算收入突破千亿元大关，达到 1007.6 亿元，常住人口达到 933.6 万人，迈入特大城市的行列。济南新旧动能转换起步区获批建设，千佛山、明府城、老商埠等片区有机更新加快推进，空气质量综合指数达 4.7，首次降至 5 以下，强省会建设质量有了进一步的提高。

强省会战略是大势所趋，更是高质量发展所需。

山东省"十四五"规划和 2035 年远景目标纲要明确"支持济南建设国家中心城市"；济南市第十二次党代会报告指出，要在全国副省级城市中争一流，加速向国家中心城市迈进；2022 年 5 月，山东省第十二次党代会报告明确提出"加快省会经济圈同城化，实施'强省会'战略"，强省会战略首次写入山东省党代会报告。2022 年，济南市克服新冠疫情带来的不利影响，经济总量突破 1.2 万亿元，这也是 6 年内这座城市跨过的第六个千亿台阶。2023 年，济南坚决在全省经济高质量发展中扛起省会担当、贡献省会力量，全市经济克难前行，持续向好、量质齐升，发展韧性和活力进一步显现，GDP 达到 1.27 万亿元。

除了强省会战略的实施，山东还明确提出省市一体化推进。在省市合力之下，支持济南建设国家中心城市，打造科创济南、智造济南、文化济南、生态济南、康养济南，带动全省新旧动能转换率先突破，为山东半岛城市群建设当好引领，在黄河流域生态保护和高质量发展中作出示范。2023 年，山东发布"三年行动计划"，明确提出实施济南强省会战略，要求 2025 年济南在全省经济首位度达到 16%。济南市委、市政府将 2024 年确定为"项目深化年"，坚定"项目为王"理念，为省会高质量发展提供强力支撑。

中国重汽智能网联（新能源）重卡项目生产线（图片由济南日报报业集团提供）

经过历届市委的接续奋斗，强省会建设站在了新的更高的历史起点上。十二届济南市委全面贯彻党的二十大精神，深入学习领会习近平总书记对山东、对济南工作的指示要求，锚定"走在前、开新局"，提出建设"强新优富美高"新时代社会主义现代化强省会，进一步明确了强省会工作的推进体系。这既是对以往发展战略一脉相承的延续，也是针对新形势新任务的进一步优化，体现了发展的延续性、稳定性、针对性和时代性。

2. 登高望远，"强新优富美高"的发展内核

强省会包含的内容多、覆盖的范围广。济南为什么要将强省会战略目标定为"强新优富美高"这六个字？

这是站在历史发展长河、全国发展大局来考虑，立足济南、跳出济南，立足当前、着眼未来，确定济南发展的新思路、新定位。从这简单的六个字，也能够看出济南人对自己身居的这座千年古城的美好希望。

从近些年来的发展历程也能够看出，这六字发展目标贯穿着一条强省会主线，与历届济南市委的工作目标一脉相承，是"一张蓝图绘到底"的真实写照。

六个字的内涵和外延，看出济南的雄心和壮志。

"强"，即综合实力强，注重质的有效提升和量的合理增长，加快提升城市发展能级，不断增强经济实力、内生动力和城市竞争力，重点是着力构建现代化产业体系，扩大投资和消费，建强载体平台，引领区域协调发展。

"新"，即发展方式新，通过创新解决好动力和活力问题，加快形成新的发展方式和模式，重点是大力推进科技创新、深化重点领域改革、提升对外开放水平、开展高质量"双招双引"。

"优"，即城市品质优，把提升城市功能品质，作为现代化强省会建设的重要目标和关键抓手，着力提升城市综合承载力，塑优城市空间形态，大力推进

新型城镇化，努力实现城市精明增长、内涵式发展，重点是有序实施城市更新、持续完善基础设施、着力壮大县域经济、提高城市文化软实力。

"富"，即人民群众富，着力增加群众收入，提升群众幸福指数，推动全市人民共同富裕取得更为明显的实质性进展，重点是办好人民满意的教育、促进高质量充分就业、健全完善社会保障体系、提升医疗卫生服务水平、全面推动乡村振兴。

"美"，即生态环境美，加快发展方式绿色转型，协同推进降碳、减污、扩绿、增长，推动形成节约资源和保护环境的生产方式、生活方式、空间格局，重点是大力推进生态保护修复、坚决打赢污染防治攻坚战、推动资源节约集约利用、加快形成绿色低碳生产生活方式。

"高"，即治理水平高，建设民主法治更加健全的强省会，高水平推进平安济南、法治济南、诚信济南建设，全面提升治理现代化水平，重点是大力推进法治济南建设、健全完善基层社会治理体系、更好统筹发展和安全。

"强新优富美高"，这简单明了的六个字，勾勒出现代化强省会的"新图景"，是在新征程上全面推进中国式现代化济南实践的"坐标系"。

一个发展动能越发强劲的中心城市正在加速崛起。

（二）燃起，强省会的"济南战法"

千里之行，始于足下。

再宏伟的大厦，也要从一砖一瓦开始建设。对于强省会这样一个复杂系统的大工程，动员的是全济南1000万人参与建设，覆盖的是1万平方公里的全域，直接相关的经济总量超过1.2万亿元。如此"巨舰"的建设，既要有施工蓝图来对标对表，也要有科学高效、精细缜密、操作性强的建设推进体系来实施。

济南是有战略思维和战术思维的！

1. "济南战法"的横空出世

2023年3月7日，中共济南市委党校（济南行政学院、济南市社会主义学院）举行2023年春季开学典礼；3月24日，济南市委理论学习中心组举行集体学习。这两次会议后，强省会的济南新战法，也就是现代化强省会建设的战略推进体系——"16243"体系，清晰可见。

"16243"体系中的"1"，是一个战略定位，即"勇当排头兵、建设强省会"。

战略定位是管方向的。勇当"三个走在前"的排头兵，开创新时代社会主义现代化强省会建设新局面，这是济南市第十二次党代会确定的奋斗方向。用"勇当排头兵、建设强省会"作为战略定位，十分契合新时代济南的新的历史方位。

"16243"体系中的"6"，是六个战略目标，即"强新优富美高"。

"16243"体系中的"2"，是两个战略抓手，即"贯彻落实党的二十大精神的267项具体任务和动态谋划的经济社会重点建设项目"。

贯彻落实党的二十大精神，就是要将大会的部署分解成若干具体任务，这才叫落地生根。厘清267项重点任务，济南就有了贯彻落实的切入点。而动态谋划的经济社会重点建设项目，源自"项目突破年"工作动员大会上提出的十大领域第一批1301个重点项目，总投资超过2.4万亿元。随着项目谋划的深入，重点项目数量比1301个有了明显的增加，不再固定数量，而是成为动态谋划补充的重点项目库。

"16243"体系中的"4"，是四句话工作方法，即"突出重点、讲求细节、压实责任、形成闭环"。

"突出重点"，是在习近平新时代中国特色社会主义思想科学指引下，从全局出发把握重点、在发展中把握重点、以前瞻的视角把握重点，以重点突破带动整体工作提升。

"讲求细节"，是有精益求精的态度和求真较真的精神，把各项举措落到

"最小单元""最小颗粒度"，把每个细节做扎实、做到位。

"压实责任"，是明确责任分工、严格完成时限、密切协同配合、强化激励约束，构建权责清晰、科学高效的责任体系。

"形成闭环"，是坚持清单化、台账化管理，坚持项目化、工程化推进，坚持过程化、动态化督导，确保件件有着落、事事有回音。

"16243"体系中的"3"，是"三不"作风保障，即"不打糊涂仗、不搞花架子、不当太平官"。

"不打糊涂仗"，就是任何工作都要做到目标明确、思路清晰、措施精准。"不搞花架子"，就是要坚持实事求是、突出问题导向、注重工作实效。"不当太平官"，就是要有凡事争一流的志气、动真碰硬的勇气、开拓创新的锐气。

"济南战法"的"1"和"6"，侧重从顶层战略的层面来谋划推进中国式现代化济南实践的方向和目标；"2""4""3"，侧重从执行落实的层面来谋划推进中国式现代化济南实践具体工作的落实和落地。这"一高一低"的战法谋略，既有眼界站位的高度，又有执行实施的力度。

按照这套战法谋略运行，济南的强省会建设迈入了全新的层次。

2. "济南战法"决定未来的高度

发展如千帆竞逐、百舸争流，不进则退。

济南十分清楚，面对激烈的竞争，必须争分夺秒、只争朝夕，抓住一切机遇和时机，方能乘势而上。只有把强省会战略作为奋进新征程、建功新时代的最强音、主抓手，把强省会战略摆在"强全省"的高度来审视和推进，铆足干劲韧劲，奋力大干实干，才能将强省会的宏伟蓝图变成美好现实。

黄河重大国家战略关系济南未来。重大国家战略的落地成效如何，重要参照物是生态保护和高质量发展的成效。未来，唯有锚定目标、持续发力。比如，打造黄河生态轴、安全轴、发展轴和文化轴，加快鹊华公园、中央公园建设，加强黄河防洪减灾工程建设。加快两岸基础设施互联互通，全力推进黄岗路隧道等 6 条跨河通道建设。依托济郑高铁，加快构建"一"字形沿黄大通道。加快推进黄河国家文化公园等重点项目，创新黄河文化保护传承，重大国家战略加快落地见效。

黄河风景区（摄影　王仲伟）

　　济南新旧动能转换起步区承载未来希望。济南起步区将被打造成为"黄河流域最具现代化特征的璀璨明珠"。一个新区没有产业托举就没有持续发展力。当前，起步区正在加速大桥组团建设，精心打造示范区。加速培育"6+4+2"重点产业，建设省属企业新动能项目总部集群，提升中科新经济科创园等平台载体功能，加快比亚迪产业园二期、国电投氢能产业基地等项目建设。发展的动能足了，就能擎起强省会的支柱。

　　绿色低碳高质量发展示范的重大使命。高质量发展是新时代的硬道理。2024年 3 月 14 日在济南起步区召开的山东省委常委会会议暨省绿色低碳高质量发展先行区建设领导小组会议明确，济南起步区是推动建设绿色低碳高质量发展先行区建设的重要载体平台，也是促进全省高质量发展的重要增长极。除起步区外，济南正在实施"十大创新"行动，谋划实施一批绿色低碳高质量发展重大项目，推动部分区县、园区、企业开展绿色低碳高质量发展综合示范。每一步探索，都体

规划建设中的新旧动能转换起步区 4（图片由济南日报报业集团提供）

现的是省会的担当。

建设现代化济南都市圈向"新"向未来。2024年5月7日，济南市委常委会召开会议，审议通过了《高质量推进济南都市圈建设行动计划（2024—2025年）》。这是继2024年1月29日山东省政府常务会议审议通过《济南都市圈发展规划（2024—2030年）》、2024年2月6日济南市委常委会会议研究《济南都市圈发展规划（2024—2030年）》贯彻落实措施、2024年2月25日济南都市圈6个城市聚首济南召开都市圈建设工作座谈会、2024年3月8日山东省政府正式发布《济南都市圈发展规划（2024—2030年）》

山东首座低碳绿色 MIC 展馆落户济南中央活力区（图片由济南日报报业集团提供）

走向现代化的济南（摄影　邵长庆）

之后，济南都市圈建设的最新动作。当前，以中心城市引领城市群发展、城市群带动区域发展已是大势所趋。唯有做大做强综合实力，提升城市发展能级，才能带动都市圈内城市共同发展。济南强，则全圈强。这个"圈"的前途不可限量！

"工业强市"发展战略的再升级。应该说，工业强市是济南近年来综合实力迅速提升的"关键推手"。2023 年 12 月 27 日，济南召开推进新型工业化加快建设工业强市大会，"工业强市"发展战略实现了升级。新型工业化浪潮勃兴，济南将把制造业高质量发展作为主攻方向，实施加快建设工业强市三年行动，推动四大主导产业集聚发展，打造标志性产业链群，"四新"经济增加值增速高于全省平均水平。依托头部企业，打造集成电路、新能源汽车、工程机械、空天信息、透明质酸、生物质材料等产业共同体。工业强，济南才能真的强！

数字济南建设的"变道换向"。数字城市建设作为数字中国建设的重要内容，是数字中国建设的先行实践。在这方面，济南向来有基础、有优势，处于"领先集团"。济南提出数字济南建设"一年夯实基础、两年重点突破、三年全面提升、四年示范引领"的工作部署，提出"打造全省领跑、全国一流的数字城市，率先建成数字先锋城市"的目标，构建起"1+4+N"总体框架体系，数字机关、数字政府、数字经济、数字社会一体化统筹推进。如今，济南数字生态总指数跻身全国 10 强，在这条新赛道处于第一方阵，抢占了新质生产力发展的先机。

全方位多层次区域合作激发"1+N"效应。济南十分清楚，合则多利，深化区域协调发展一定共赢。作为黄河流域中心城市，济南主动融入京津冀协同发展，吸引集聚央企、院校总部及分支机构，服务和支持雄安新区建设。主动对接长三角产业和创新梯次转移布局。扩大与粤港澳大湾区经贸合作，推进海峡两岸新旧动能转换产业合作区建设，深化在"一带一路"建设、金融、贸易、

世界透明质酸谷（图片由济南日报报业集团提供）

文旅、会展、物流、科技创新等领域合作交流。在新发展格局之下，济南服务和融入大局，也因此而获得发展的机遇和助力。

承压前行，能级跃迁，新济南给人以惊喜。其背后，是济南主动服务和融入国家发展大局、抢抓国家战略机遇的起势定向，是落实强省会战略、扬起省会龙头的责任担当，是不断优化产业结构、加快推进创新驱动和新旧动能转换的抉择与坚守。

在强省会的赛道上，济南正全力奔跑，逐步崛起为引领黄河流域高质量发展的动力源和增长极。

（三）结语

济南在推进中国式现代化的道路上，前途无限光明、前路必定崎岖。

党的二十大报告对中国式现代化作了系统全面的阐述，指出中国式现代化是人口规模巨大的现代化、全体人民共同富裕的现代化、物质文明和精神文明相协调的现代化、人与自然和谐共生的现代化、走和平发展道路的现代化，为全面建成社会主义现代化强国、实现中华民族伟大复兴指明了一条康庄大道。

与国家共命运，与时代同进步。济南，这座不断实现突破、令人刮目相看的城市，紧跟国家战略、时代大势，始终坚定志不改、道不变的决心，正在以炽热饱满的激情干劲，加快建设"强新优富美高"新时代社会主义现代化强省会，不断刷新世界对古老泉城的认知。

行稳致远，源自接续奋斗。焕然一新的济南，登高望远、航向锚定，正在以特有的躬耕实干精神、只争朝夕精神，在中国式现代化新征程中书写浓墨重彩的一笔！

第三章

创新突破
激活澎湃涌动的发展动能

步入新时代，万象更新的气息散发在每个角落。"新"也体现在发展动能上。加快推进新旧动能转换，以新技术、新产业、新业态、新模式为核心发展经济新动能，同时改造升级传统产业和旧动能，使得"新旧动能"共同构成新常态背景下支撑经济增长的力量，就具有了重要的实践价值与现实意义。

回顾历史，"新旧动能转换"这一名词的出现，是在 2015 年 10 月，时任国务院总理李克强在召开的政府会议中指出"我国经济正处在新旧动能转换的艰难进程中"。在 2017 年 3 月 6 日的两会期间，李克强参加山东代表团审议时指出，山东发展得益于动能转换，希望山东在新旧动能转换中继续打头阵。

2018 年 6 月，习近平总书记在山东考察时明确指出：创新驱动、新旧动能转换，是我们是否能过坎的关键。所以，新旧动能转换是探寻新的增长动力和发展路径的必然选择，是实现高质量发展的唯一途径，也是济南市实现新时代社会主义现代化强省会建设新跨越的必然选择。

新旧动能转换，需要旧动能的转型升级和新动能的开拓挖掘。新能源汽车、量子科技，空天信息、数字经济等产业在济南的腾飞也孕育了澎湃涌动的新动能。新旧动能的接续转换、创新激发澎湃涌动的发展动能将不断促进济南向中国式现代化大步迈进。

一、动能转换，"老树"开出
芬芳"新花"

济南人，有一种情怀叫"济钢"。

始建于 1958 年的济钢集团，是共和国缔造的第一批地方骨干钢铁企业之一，年产钢量最高时达 1200 多万吨，跻身全国十大钢铁企业之列。

鼎盛时期，济钢的名字经常出现在中国企业 500 强的榜单上。2001 年，济

济钢 2017 年停炉的 3200 立方米高炉夜景（图片由济钢集团有限公司提供）

南市第一个工贸收入过百亿的企业是济钢集团；2002 年至 2006 年，中国企业 100 强的榜单中，济钢集团赫然在列，其中，2003 年排名最靠前，位列第三十八位。

几十年间，济钢的荣誉已刻入济南人的自信中。济南曾经的每一个辉煌，也有一份济钢的功劳。机床、汽车、钢铁曾是支撑济南的三大支柱产业，济钢就是支柱产业中的"支柱企业"。

近年来，随着供给侧结构性改革、新旧动能转换和高质量发展的旋风袭来，昔日的老济钢壮士断腕般关停钢铁主业，华丽转身为高新技术产业加持的绿色低碳新济钢。

曾经济钢主厂区 3200 立方米高炉的红光映天，摇身一变，现在成了中央森林公园的一抹绿色。济钢老工业区的历史记忆被永远尘封在 3200 立方米高炉的旧址中，济钢中央森林公园正在履行新的城市功能，历史与新生在此交相辉映。

习近平总书记在党的二十大报告中指出，要以中国式现代化全面推进中华民族伟大复兴。

济南奋进中国式现代化的蓝图，还需要国有企业来起草图、绘底色。近年来，一些传统国有企业面临着老路走不下去、新路走不出来的转型困境，阻碍了济南奋进中国式现代化的步伐。作为全国首家整体退出的千万吨级城市钢厂，济钢的转型发展可谓前无古人。

要实现"新旧动能转换"，"新动能"从何挖掘？"转型创业"方向在哪？基础优势、政策机遇如何转化？人员安置如何兜底？盘根错节的历史包袱怎样化解？这些都考验着济钢的发展智慧。

济钢在寻找这些答案的过程中实现了向死而生、凤凰涅槃。2017 年 7 月，济钢全部钢铁生产线关停后，仅仅 3 年时间营业收入就恢复到停产前水平，2022 年济钢再次回归中国企业 500 强。

七年弹指一挥间，蓦然回首，济钢这棵"老树"已然开出芬芳"新花"。

（一）华丽转身，"钢铁巨人"蜕变为"高新技术达人"

1. 壮士断腕，钢铁巨人脱掉"厚重外衣"

"我宣布，济钢 3200 立方米高炉现在停炉！"

2017 年 6 月 29 日上午 9 时 17 分，济钢 3200 立方米高炉 1 号和 3 号出铁口顺利出完最后一炉铁水，伴随着济钢炼铁厂厂长李丙来略带悲壮的一声令下，有着 59 年历史的济钢集团全面拉开钢铁产线停产工作的帷幕。

机器隆隆、钢花飞溅、红光映天……这些都将成为济钢人的记忆，济钢与主业钢铁的缘分戛然而止。

从此，属于济钢钢铁的荣誉一去不复返。截止到停产的 2017 年，济钢建厂 59 年、累计产钢 1.55 亿吨、实现利税 316 亿元，是中国企业 500 强的常客。那最令济钢人骄傲的 4300mm 宽的厚板，是能造航空母舰的钢板，堪称国内钢板的天花板。在全国钢铁产能格局蓝图中，济钢曾经画上了浓浓的一笔。

昨天的辉煌绘就不了明天的璀璨，历史的车轮总是滚滚向前。

2016 年，山东成为国家落实新旧动能转换的综合试验区。为深化供给侧结构性改革、落实国家去产能政策，同时促进山东省钢铁产能转型升级，优化济南城市功能布局，"济钢"成了重要的试验地。2016 年 8 月 31 日，省政府研究通过《济钢产能调整和山钢转型发展工作总体方案》，济钢集团的停产与转型提上日程。

钢铁产线安全关停，必须坚持底线思维。济钢产能调整从上级决策到正式施工只有短短 10 个月的时间，其间要谋划好关停 650 万吨钢铁产能，史无前例又风险未知。

为打赢这场充满"急、难、险、情"的特殊战役，济钢在上级党委的坚强

4300mm 宽原版轧机（图片由济钢集团有限公司提供）

领导下，坚持从最坏处着眼，从最难处着手，做最充分的准备，建立"全流程确认、全方位互保"工作机制，制定完善科学严密、包含 128 项子方案的停产方案，开展了 22 次安全停产桌面演练。2017 年 6 月 29 日至 7 月 8 日，历时 9 天、分 3 步实施钢铁产线全面停产，全过程未发生一起安全生产事故，未对周边环境造成不良影响，做到了善始善终、完美收官。

人员安置问题，必须以人为本。2017 年 4 月 20 日，时任国务院总理李克强到济钢视察工作，作出重要指示："要在这次转场过程中做好转岗，赢得转机，做到转岗不下岗，转业不失业。"

济钢反复研究拟订职工分流安置方案，针对不同群体设置了 4 大类 14 种安置渠道，千方百计征集了 19569 个就业岗位，保证了安置渠道对不同群体全覆盖、安置岗位对人员全覆盖。2017 年 7 月 10 日，《济钢集团产能调整职工分流安置方案》以 92.9% 的赞成率经济钢职代会审议通过。7 月 11 日至 31

日，经过 21 天夜以继日、紧张有序的工作，列入分流安置范围的 19834 名职工中，19780 名自主选择分流安置渠道，完成率达 99.7%，剩余 54 名职工截至 2019 年 7 月全部妥善安置。针对职工诉求，济钢畅通信访渠道，建立舆情、信访、安保多方联动机制，全力把矛盾化解在企业内部，至今未发生上级考核的越级上访和恶性群体事件。济钢的中层干部在人员安置过程中展现出了无私的奉献精神，坚守自己的岗位，给下属员工不断讲解安置政策，确保每一个人都有着落。

济钢各级领导班子和党员领导干部打破常规，推进一系列创新性、关键性措施落地生根，成为济钢产能调整的顶梁柱和职工信赖的主心骨。围绕产能调整重点工作，济钢集团在各级党员领导干部中建立包保制度，形成横到边、纵到底的全覆盖责任体系。组织 4987 名党员签订"改革转型我担当，产能调整建新功"承诺书。结合产能调整和转型发展任务，细化"四个合格"标准，划出行为标尺，引导广大党员干部，不忘本色，找准角色，时时事事处处体现共产党员先进性。

济钢产能安全关停和人员平稳安置离不开党委、政府全过程大力支持。产能调整开始后，山东省委、省政府专门成立 8 个专项工作组，定期调度产能调整工作进展。同时，济南市工作组进驻济钢，协调解决各种矛盾问题，积极推进各项产能调整工作。

从千方百计为济钢职工增设分流安置渠道，到多方协调推动转型发展项目加速落地，从"四供一业"社会职能的顺利移交，到停产后济钢宿舍区职工各项生活设施的有效保障，从 2017 年 6 月 28 日，济南市支持济钢转型项目签约仪式隆重举行，到济钢整体划转济南市的关键时刻，济南市专门研究制定了支持济钢发展 26 条政策，并成立了工作专班，聚焦资产注入、融资渠道、产业升级、资源盘活等方面，为企业新主业培育发展提供了有力支撑。正是在各级党委、政府的高度重视和鼎力支持下，济钢产能调整和转型发展工作才能推进得如此顺利，为开出"新花"提供了丰沃土壤。

2. 二次创业，三年再造一个新济钢

济钢"靠钢"时期，钢铁主业一度占到集团公司总营收的 90% 以上，辅业一半以上完全依托主业生存，可以说钢铁一打"喷嚏"，整个集团就"感冒"，全部产能一次性退出无异于倒逼济钢脱胎换骨、浴火重生！

面对这样的生死抉择，济钢人喊出来一个口号："三年再造一个新济钢。"

其实，当济钢人喊出这个口号的时候，他们心中还是有些没底儿的。面对主业关停的断臂之痛，如何重塑干部职工对济钢未来的信心是关键。

济钢以人为本打造"九新"价值创造体系，全面重塑发展信心。济钢党委坚持把"人"作为二次创业的决定因子，紧扣"全员"战略重塑，创造性提出了"九新"价值创造体系。这一体系以"新主线、新主业、新核心"指明转型发展的方向路径，以"新作风、新纪律、新风险"破解知识结构、客观认知、作风纪律等方面的障碍和风险，以"新架构、新动力、新秩序"指出新济钢转型发展的要素保障。其核心就是创新，关键在于创造，奋力蹚出了一条不同于前人、有别于他人、具有济钢特色的守正创新之路。

有了信心，就有了干劲。再造一个新济钢，如何再造？

坚持向产业要出路。不炼钢还能"吃钢饭"吗？能。

就存续产业而言，济钢对其进行智能化升级，最大限度挖掘资源潜力上项目。坚决落实"去产能不是去企业，加快新旧动能转换是关键"的要求，坚持把立足优势上项目摆在生死攸关的突出位置，通过精心梳理、综合分析、全方位论证，迅速拉出"十大优势项目清单"，展开旷日持久的项目攻坚战，最大限度地把资源优势转化为创业优势。

转型发展以来，济钢完成存续产业投资项目 92 项，占总投资项目数的 75.41%。与此同时，济钢还对存续产业深入挖潜增效，提升存续产业经营规模

要地净空防御车（图片由济钢集团有限公司提供）

和盈利质量，加快形成"一企一业、一业一环、多环成链"的产业发展新格局。

让济钢这棵"老树"尽快开出"新花"。光"吃钢饭"行吗？不行。

钢铁主业关停后，济钢以"多元主打、培育发展新兴产业"为战略目标，梳理形成十大转型发展项目。坚持"组织路线＋技术路线"双线并举，着力构建"1"圈（智能低碳绿色发展业态圈）、"2"基地（国际、国内）、"3"大产业领域（新一代信息技术、智能制造、现代服务）、"4"条产业链（空天信息、先进材料、高端装备、现代服务）的产业新架构，持续拓展企业发展的蓝海空间，为加快建设中国式现代化贡献力量、展现担当。

很难想象，以"钢"为名的企业如今正向"绿色"要出路。由"钢铁之城"到"深绿之城"，济钢生态优先打造济南东城"绿肺"，建设了中央森林公园、韩仓河生态景观带，前者是国内为数不多的大型城市森林公园之一，后者是融合生态防护、休闲游赏功能于一体的互动式生态景观带，两者共同形成了济南东部新城独特的生态景观。

坚持将绿色低碳发展理念贯穿转型发展全过程，济钢持续培育绿色增长新动能，加快推进重点绿色产业项目，环保新材料产业园通过省级绿色矿山验收；日照金属综合利用工程废钢资源项目正式运营；济钢顺行新能源巡游出租车占比近95%，处于行业领先水平；济钢的污染物排放量已不到主业停产前"零头"、年碳排放总量约为之前的1/7。产能调整前，钢铁主业年排放主要污染物3.1万吨，年碳排放约2000万吨。目前，济钢年排放主要污染物265吨，年碳排放约300万吨。

济钢高度重视碳达峰碳中和工作，全面融入国家"双碳"战略，在党中央和上级党组织作出决策部署后，迅速成立工作专班，开展系统深入研究，基本摸清了济钢绿色低碳发展水平现状和"碳家底"，初步构建集智能监管、平台协同、决策分析于一体的数字生态环境管理平台，积极布局农用转光剂、二氧化碳气肥资源化利用、超临界二氧化碳余热发电等项目，通过一系列节能降耗、降碳固碳技术的推广应用，为早日实现企业"双碳"目标打下了良好基础。

改革的关键在人。

济钢实施的质量变革、效率变革、动力变革，始终把激发人的内生动力放在首位。比如，干部考核评价机制、领导干部"末位调整"机制、"禁令"否决机制，按照不低于6%的比例分层分类实施末位调整，累计调整任免中层领导干部760人次，打通各层次各领域干部职工职业发展通道，干部能上能下、能再上能再下，激发了干部队伍的活力和竞争力；以"市场化选聘、契约化管理、差异化薪酬、市场化退出"为原则，推进职业经理人和外部人才社会化选聘，累计选聘职业经理人11名、总师（总顾问）5名。

济钢始终坚持"以人为本""全心全意依靠职工办企业"的方针，依法保障职工合法权益，坚持职工收入与企业发展同向联动，职工人均收入以每年不低于 8% 的比例连续增长。2023 年，济钢集团营业收入达到 589 亿元，推动人员的动力、产业的生命力和组织的活力达到新高度，各项考核指标持续提升，呈现逆势而进的良好态势。

在无主业、无钢铁的背景下，济钢探索出了新的产业之路、绿色之路、管理之路，形成了初步的新济钢框架，未来沿着高质量发展的大道，济钢再创辉煌的前景将越来越明确。

3. 移花接木，无钢济钢披上空天"新衣"

目前，济钢产业布局为金字塔型，底层为停产以后存续产业，中间是围绕绿色发展新布局产业，第三层级为围绕未来产业布局的产业。

发展未来产业，就要提升新质生产力，这其中，空天产业成为重要引领方向。

空天信息科技馆（图片由济钢集团有限公司提供）

济钢空天信息产业园（图片由济钢集团有限公司提供）

　　一次中国科学院的研讨会，促成了济钢和空天信息产业的缘分。了解到空天信息产业的未来发展价值，时任济钢集团党委书记、董事长薄涛对身在北京的济钢集团的规划部部长下了死命令："不拿下合作，不准回来。"

　　为了争得中国科学院院士吴一戎的青睐，济钢规划部部长化身路人跑到吴院士常去跑步的操场上和他"偶遇"，并一起陪同跑了一个星期，最终亮明身份获得了他的认可。

　　一座高楼平地起，济钢的未来注定在空天信息领域描绘。济钢抢抓济南市空天信息产业发展机遇，以"嫁接式跨界融合"选取空天信息产业作为未来产业来谋划布局，昔日铁水奔流、钢花四溅的济钢，就此开启了逐梦星辰大海的新征程。

　　济钢与中国科学院空天信息创新研究院合作成立济钢防务公司，成为中国（山东）自由贸易试验区济南片区首批签约企业，赋能孵化了齐鲁卫星、时代低空、山东微波电真空等空天领域企业，国内首条行波管自动化生产线成功投产，千亩空天信息产业园加速建设，卫星总装基地、液体火箭发动机等一批重点项目加速实施，空天信息产业基地项目填补了国家产业空白。

济钢空天公司行波管生产线（图片由济钢集团有限公司提供）

目前，济钢重点布局建设卫星总装基地及液体火箭发动机测试平台、大飞机配套及低空监视服务网和行波管、微纳系统项目等重点项目，打造"空天地"立体化发展生态。

围绕"东星西箭"的产业布局，加快建设济钢防务卫星总装测试一期项目，实现卫星设计与生产制造的产业化，填补山东省在卫星研发、生产、制造、测试和运营产业的空白。推进液体发动机制造和热试车基地项目建设，高标准建设国内最大的商业火箭发动机测试平台，满足国内液体火箭发动机测试需求。加快低轨卫星导航增强

济钢1号、2号卫星在酒泉卫星发射中心发射升空（图片由济钢集团有限公司提供）

系统、AIRSAT 遥感卫星星座组网建设，构建包括卫星制造、测控、运控、应用的全产业链创新生态。

经过不懈努力，目前济钢已成为全国空天信息产业联盟的副理事长单位、济南市空天信息产业的"链主"企业和产业共同体的"头部企业"。2024 年 9 月 25 日 7 时 33 分，由济钢集团联合中科卫星共同出资研制的济钢 1 号、2 号卫星在酒泉卫星发射中心发射升空，卫星顺利进入预定轨道，发射任务取得圆满成功。

济钢踏上逐梦星辰大海的新征程，未来空天信息产业的发展将与济钢息息相关，密不可分。

（二）结语

济钢的变迁不仅是一个时代的缩影，也是一个城市的缩影。

在历经产能调整、主业关停的淬炼洗礼之后，济钢坚持不忘初心、牢记使命，将六十多年来用钢铁意志和钢铁智慧熔铸形成的"济钢精神"灌注到加快推动转型发展之中。

聚焦"建设全新济钢，造福全体职工，践行国企担当"的发展使命，不等不靠、主动出击，敢于跨界挑战不熟悉的新领域，开辟发展新赛道，积极服务和融入新发展格局，把目标定位和产业方向与济南产业规划、发展重点相融合，着力在企业做大做活做专上下功夫，在动能转换、对外合作上做文章，在改革发展、创新驱动上求突破，在夯实基础、管理提升中上水平，通过综合分析、全方位论证，抢抓政策机遇，借势借力推动产业跨界融合，把空天信息产业作为企业未来高质量发展的"关键变量"，最大限度地把优势资源转化为了发展动能，实现了企业与省市高质量发展的同频共振，与城市的融合共生，兑现了"三年再造一个新济钢"的豪言壮语。

今天的济钢，用转型发展的奋斗实绩，在国企改革创新、城市钢厂转型、推进中国式现代化建设方面蹚出了一条新旧动能转换之路，重回中国企业500强。

无钢发展后，多少济南人都以为济钢的辉煌将随着钢铁产能的归零而消逝。蓦然回首，济钢在灯火阑珊处，散发着更耀眼的中国式现代化的光芒。

二、向新而行，新动能奔赴
星辰大海

习近平总书记在党的二十大报告中指出，高质量发展是全面建设社会主义现代化国家的首要任务。

站在当前时代浪潮的历史节点上，面对国内外形势的深刻复杂变化，可以说创新是推动高质量发展的第一动力。

一方面，创新之所以能够成为推动发展的第一动力，其根本原因在于依靠创新，可以实现经济增长的质量变革、效率变革与动力变革，提高经济活动的全要素生产率，最终实现高质量发展。另一方面，当前我国经济社会发展面临的核心问题，是创新能力的不足，包括科技发展水平不高，对经济发展的支撑力度与贡献率不强。

高质量发展作为全面建设社会主义现代化国家的首要任务，自然要坚持创新在其中的核心地位。党的二十大报告进一步指出，"必须坚持科技是第一生产力、人才是第一资源、创新是第一动力，深入实施科教兴国战略、人才强国战略、创新驱动发展战略"。

2023 年 9 月，习近平总书记在黑龙江考察调研时首次提出了"新质生产力"概念。2023 年 12 月，召开的中央经济工作会议强调，要以科技创新推动产业创新，特别是以颠覆性技术和前沿技术催生新产业、新模式、新动能，发展新质生产力。2024 年 1 月，在二十届中央政治局第十一次集体学习时，习近平总书记对新质生产力作了系统论述，强调指出，新质生产力是创新起主导作用，摆脱传统经济增长方式、生产力发展路径，具有高科技、高效能、高质量特征，符合新发展理念的先进生产力质态；特点是创新，关键在质优，本质是先进生产力。

由此可见，创新在推动高质量发展、激发发展新动能、培育新质生产力方面，大到一个国家，小到一个城市，均有鲜明的体现。2021 年，济南市人民政府出台《关于加快"科创济南"建设全面提升科技创新能力的若干政策措施》，提出了实施创新驱动发展战略、加快建设"科创济南"的一揽子政策措施。

济南如何做到向创新要发展、为发展增动能？一幅现代化强省会建设新画卷徐徐展开，道出了其中"答案"。

（一）创新激发济南高质量发展新动能

1. 新时代经济"皇冠上的明珠"闪耀在泉城大地

众所周知，汽车产业被誉为现代工业"皇冠上的明珠"。

作为一座工业名城，济南拥有重型汽车行业领军者——中国重汽，但乘用车产业一直是济南的短板。补齐这一短板一直是济南的发展目标之一，特别是随着新能源汽车产业成为新的"风口"，济南的期待更加迫切。

业内有这样一句话：新能源汽车，争夺的不仅仅是项目和产业，而是城市的未来。

随着比亚迪落户济南新旧动能转换起步区，这颗璀璨的明珠终于闪耀在了泉城的大地上。

比亚迪押宝济南，济南也重视比亚迪。这是企业与城市的双向奔赴，也凸显了以新能源汽车产业造就澎湃发展新动能的"济南速度"。

2021 年 8 月，济南与比亚迪签署全方位合作协议。同年 12 月底，比亚迪在起步区崔寨片区拿地 3000 多亩，开始打造济南比亚迪新能源乘用车及零部件产业园（以下简称比亚迪产业园），总投资 150 亿元，规划面积 185 万平方米，全部建成后年产 15 万辆整车以及电动总成和电机等核心零部件，年产值预计在400 亿元以上。另外将直接带动就业岗位 3 万多个，对济南的经济有着巨大的拉动作用。

起步区比亚迪产业园（图片由济南日报报业集团提供）

2022 年 11 月 30 日，比亚迪济南基地首台整车下线活动在起步区的比亚迪产业园举行。这意味着比亚迪产业园开始正式运行投产，比亚迪从此有了"济南造"。正如济南市市长在致辞中表示，比亚迪产业园作为企地战略合作的重大示范项目，仅用不到一年的时间就实现了首台整车下线，创造了新能源汽车产业发展的济南速度，翻开了济南新能源汽车产业发展的崭新一页。

2023 年 7 月 31 日，济南比亚迪汽车有限公司在起步区崔寨片区又拍下

2343.4 亩土地，继续用于扩大新能源乘用车整车产能。加之比亚迪项目一期总用地 3622 亩，比亚迪在起步区已经拿了近 6000 亩的土地。一个超级大工厂在黄河北缓缓呈现，济南在"比亚迪新能源汽车帝国"版图上写下了浓墨重彩的一笔。

2023 年 8 月 9 日，比亚迪第 500 万辆新能源汽车正式下线，而这个"第 500 万"就在济南产业园诞生。比亚迪成为全球首家达成这一里程碑的车企，而这不仅是比亚迪的全新里程碑，也是中国品牌向好向上发展的见证，更是济南新能源汽车产业"领跑"全省发展的生动体现。据起步区相关负责人介绍，2023 年，起步区新能源汽车项目产量突破了 24 万辆，2024 年预计年产 30 万辆。

无独有偶，济南新能源汽车产业发展的澎湃动能，不只来自比亚迪。

位于济南高新区的吉利智慧新能源整车项目，总投资 112 亿元，包含完整的汽车生产四大工艺及生产辅助等设施，年产能可达 10 万辆，目前已经持续实现了月产万辆的目标。除此之外，济南另有两家新能源汽车整车生产厂家，分别是中国重汽集团与山东豪驰智能汽车有限公司。

随着多家整车生产厂家"落地"济南，济南在新能源汽车方面正在形成动力电池、家庭轿车、客车、卡车以及零部件生产的产业链条。2024 年济南新能源汽车产量将突破 40 万辆。从这个产量数据推算，济南今年即可跻身新能源汽车第一梯队城市行列，成为该领域数一数二的北方城市。

在新能源汽车赛道上，济南无疑将成为一匹"黑马"。未来，济南将在产业端、人才端和消费端多层面持续发力，吸引更多的上下游企业落户，推动形成完整的产业链条和成熟的产业生态，为济南经济腾飞提供澎湃新动能，让新能源汽车这颗璀璨明珠更加闪耀。

2. 强强联合为济南科技创新插上了腾飞的翅膀

如何推进中国式现代化的济南实践？ 2023 年 3 月 7 日，济南市委书记在中共济南市委党校（济南行政学院）、济南市社会主义学院春季开学"第一课"上提出，要加快建设"强新优富美高"的新时代社会主义现代化强省会。其中的"新"，就是实现发展方式新，通过创新解决好动力和活力问题，加快形成新的发展方式和模式。

近年来，济南始终坚持把发展的基点放在创新上，大力实施创新驱动发展战略。著名科学杂志《自然》在2014年起开始发布全球科研城市百强名单，已成为国际公认的、能够衡量国家和地区在自然科学领域的高质量研究产出与合作情况的重要指标。在2023年发布的名单中，济南市位列第三十二位，相较2021年提升了25个位次，进步幅度明显。2023年以来，济南又频频取得一批世界级、国家级重大科技创新成果。

取得上述成绩的背后，有一个重要因素不容忽视，那就是济南与中国科学院的强强联合，为济南高质量跨越式发展提供了源源不断的新动能。

2018年以来，济南抢抓北京非首都功能疏解的时代机遇，不断深化与中国科学院的交流合作，先后引进落地一批合作项目。

2020年，中国科学院、山东省、济南市三方签署协议，共建中国科学院济南科创城。这就是济南与中国科学院强强联合的核心载体。

中国科学院济南科创城到底是一座什么样的"城"？它是中国科学院高端创新资源的集聚地、齐鲁科创大走廊建设的主战场、省市高质量发展的核心承载区。中国科学院济南科创城分三期建设，一期和二期位于齐鲁科创大走廊核心区域，占地约16.5平方千米，主要落地建设中国科学院有关项目及成果转化基地，三期规划拓展到雪野湖片区，主要布局未来的重大项目。

未来，中国科学院济南科创城将升级为齐鲁科学城，成为国内一流、国际知名的科技之城、创新之城、魅力之城，成为具有国家领先水平和重要国际影响力的原始创新策源地和战略新兴产业孵化地。

与中国科学院"牵手"，济南的创新要素吸引力随之升级——13家"中科系"科研院所落地济南，集聚科研人员超2000人。

　　不仅如此，一批大科学装置建设取得突破进展：电磁推进地面超高速试验设施一期（电磁撬）已投入使用，创造了大质量超高速电磁推进技术的世界最高速度纪录，将为我国电磁驱动及相关领域的研究开发、成果转化和产业化创造有利条件；全国首家环境领域国家级基础科学中心——"大气霾化学"基础科学中心落户，"大气环境模拟系统"已开工建设，将为我国大气污染预测防治提供科技支撑；建成启用占地 7100 平方米的世界一流基因编辑技术平台，植物基因编辑核心工具获得两项专利授权，填补国内空白，并在国内首次实现技术出口；成立规模 62 亿元的齐鲁科学城科创投资基金，依托基金纽带作用，推动"中科系"先进成熟技术落地转化。科技创新成果只有应用推广才有价值，这也是科技创新激发发展新动能的方向所在。

　　2023 年 8 月 24 日，中国科学院济南科创城科技成果转化项目路演暨资本对接活动成功举办。在活动现场，发布了便携式床旁磁共振成像系统、新型高效碳去除技术、变温分馏型吸收式制冷与热泵系统、高端强激光加工装备核心光

济南高新区成为国家级双创示范基地（图片由济南日报报业集团提供）

学器件项目等 5 项"中科系"先进技术成果，邀请齐鲁前海母基金、兴橙资本机构代表进行了基金推介，组织燃烧合成高品质氮化硅粉体项目、先进微纳集成系统设计制造平台（一期）项目等 5 个产业化项目进行了现场路演，共有 7 家高技术企业和 10 家投资机构的代表上台签署战略合作协议，科创城创业创富的生态效益不断彰显，交出了一张创新驱动发展的优异答卷。

"抓创新就是抓发展，谋创新就是谋未来。"唱响创新驱动发展这台时代大戏，济南底气十足，前景广阔。济南与中国科学院各院所的强强联合、深化合作，是一次多赢的双向奔赴，为济南的科技创新插上了腾飞的翅膀，为创新驱动发展提供了更强的科技力量与澎湃动力。

3. 慧眼识珠超前布局锚定量子科技产业制高点

2020 年 10 月 16 日，习近平总书记在中央政治局第二十四次集体学习时强调，要充分认识推动量子科技发展的重要性和紧迫性，加强量子科技发展战略谋划和系统布局，把握大趋势，下好先手棋。

近年来，"墨子号""九章"等一批重大成果集中涌现，我国量子科技实现从跟跑、并跑到部分领跑的历史飞跃，量子科技发展的体系化能力正在稳步建立。

其中也离不开济南的慧眼识珠与超前布局，提前锚定了国内乃至国际的量子科技制高点，产业化水平也不断跃升，实现了飞速发展。

早在十几年前，济南就已经先行一步。2010 年初，我国量子科技的领军人物中国科学院院士潘建伟就来到济南，筹建山东量子科学技术研究院有限公司。在国内还没有多少人真正看清这项技术的发展前景时，济南对量子科技就充满了信心。

2011 年 5 月 16 日，中国科学院量子技术与应用研究中心暨济南量子技术研究院正式揭牌。此后取得了一系列重大科研成果，突破"卡脖子"关键技术，包括：实现 500 千米量级现场无中继光纤双场量子密钥分发，创造商用光纤量子通信距离的世界纪录；推动成立全国量子计算与测量标准化委员会和国际首个量子信息技术焦点组，实现济南在量子通信、量子计算、量子精密测量三大领域标准全覆盖；实现基于周期极化铌酸锂波导芯片的全产业链完全自主化、国产化、量产化；建成最大规模实用化城域量子通信网络"济南量子通信试验网"和首个商用化量子通信网络"济南市党政机关量子通信专网"；部署全球首套小型化可移动量子卫星地面站，在济南实现与国家量子骨干"京沪干线"和"墨子号"互联互通；联合研制首个商用化微纳量子卫星"济南一号"，打造天地一体化量子通信网络产业新格局等。

在济南量子技术研究院重大科创成果的直接推动下，济南量子科技的产业化水平飞速发展。

当前济南已聚集了济南量子技术研究院、山东量子科学技术研究院有限公司、国迅量子芯、国耀量子雷达等企事业机构，开拓量子产业蓝海，形成了从运营服务、系统集成、整机制造、核心元器件研制到原材料供应的量子技术产业链。

站在产业化的风口上，济南将量子科技发展列入全市"十大千亿产业振兴计划"，提出到 2025 年，在远距离量子网络、信息安全、量子雷达等领域取得创新突破，培育一批具有国际先进水平的量子企业，力争量子信息产业规模突破百亿元，到 2035 年，量子通信和量子测量领域实现大规模商用，量子信息产业达到千亿级规模。

4. 从无到有逐梦星辰全面布局空天信息产业生态

古往今来，中国人始终保持着对浩瀚星空和苍茫宇宙的探索和追求。如今，随着"北斗"指路、"嫦娥"奔月、"羲和"探日，中国的航天事业蓬勃发展，将神话照进现实，让情怀撒满宇宙。各类通信卫星、导航卫星、遥感卫星等应用卫星也正深度融入各行各业，服务国计民生。作为战略性新兴产业的空天信息产业，正进入重大机遇期，成为全球新的产业增长极。

济南虽然没有空天信息产业的"先天基因"，但依然奋起直追。短短 4 年的时间，济南就从无到有，全面布局空天信息产业生态，成为中国首个在空天信息"通信、导航、遥感" 3 个重要领域全面布局的城市，向遥远的太空发出济南强音："我们的目标是星辰大海。"

通信方面，2022 年 7 月 27 日，世界首颗量子微纳卫星"济南一号"搭载中国科学院"力箭一号"运载火箭成功发射。与其配套的量子卫星地面站在小型化方面也取得突破性进展，安装部署时间由数月降低至数小时。量子微纳卫星配合小型化地面站系统，使我国在世界上首次实现实时星地量子密钥分发实验，并开展技术验证及应用推广，构建低成本、实用化的天地一体化量子保密通信网络。

导航方面，2022 年 9 月 6 日，命名为"泉城一号"的快舟一号甲固体运载火箭在酒泉卫星发射中心点火升空，以"一箭双星"方式，将"微厘空间"低轨卫星导航增强系统 S3/S4 试验卫星成功送入预定轨道。"微厘空间"低轨卫星导航增强系统是由 160 颗低轨卫星及地面系统构成的天地一体化星座系统，对中国北斗卫星导航系统进行性能增强，可提供高精度、快收敛、低成本、高可靠的卫星定位增强服务，实现全球分米级、厘米级实时动态快速导航定位。相关负责人介绍说："2022 年 10 月份进行最后一组试验卫星发射，2023 年初开始小批量组网发射，计划将在 2025 年前完成 160 颗卫星的发射工作，2025 年向全球用户开通服务。"

遥感方面，2021 年 4 月 27 日，山东产业技术研究院研发的"齐鲁一号"和"齐鲁四号" 2 颗遥感卫星成功发射升空，这是国内首次采用"天基互联网 + 遥感小卫星"模式的创新型遥感应用项目，也是山东省首颗商业遥感 SAR 卫星，其空间分辨率达到国内商业卫星的最高水平。2022 年 1 月 15 日，"齐鲁二号"、"齐鲁三号"遥感卫星搭载"长征二号"丁运载火箭在太原卫星发射中心顺利升空，标志着山东省首个自主可控的遥感卫星基础设施——齐鲁卫星星座初步建成。

逐梦星辰，济南空天信息领域的"无中生有"，离不开各级党委、政府的强力推动和科学领导。

2019 年 4 月，山东省政府与中国科学院签署了推进山东新旧动能转换重大工程合作协议。以此为契机，济南与中国科学院空天信息创新研究院紧密合作，共同打造产、学、研深度融合的空天信息产业链。中国科学院空天信息创新研究院组建仅 5 个月后，齐鲁空天信息研究院在济南注册成立，从签约到完成注册仅用了 17 天，填补了山东省空天信息产业空白，使济南成为空天信息产业发展的学术高地、科创中心、产业基地。济钢集团与中国科学院空天信息创新研究院从接触到成立济钢防务公司，仅用时 140 天。

2019 年，济南将空天信息产业确定为重点产业之一，相继出台《济南市空天信息产业发展三年行动计划（2021—2023 年）》《济南市加快卫星导航产业发展的实施意见》等政策，通过成立注册资本为 10 亿元的空天产业发展投资有限公司，发行体量为 10 亿元的空天信息产业专项基金，设立连续 5 年每年 1.5 亿元的空天信息产业引导资金等措施，全力推动空天信息产业发展。

2022 年 8 月，在济南成功举办了空天信息产业发展高峰论坛，由济南市人民政府与中国科学院空天信息创新研究院牵头，与领域内知名研究院所、高等院校等共同发起成立了空天信息产业联盟，济南展现出了在空天信息领域强大的号召力。

2023 年 9 月 20 日，国内首所空天信息大学正式官宣获得批准，并正在济南落地筹建，未来将带动 11 家国家重点实验室和 3 家省实验室的发展，加强科技创新体系。

逐梦空天，阔步向前，空天信息产业的发展正在奏响鼓舞人心的济南乐章！

（二）结语

纵观人类历史，发展永远是主线，创新能够激发新动能，不断推进经济社会持续发展。谁能占据创新的制高点，把握创新的主动权，谁就能够在未来的发展中抢占先机、赢得主动。对一个国家是如此，对一个省、一个城市也是如此。

党的十八大以来，以习近平同志为核心的党中央坚持把科技创新摆在国家发展全局的核心位置，深入实施创新驱动发展战略，推动我国科技实力从量的积累到质的飞跃、从点的突破到系统能力提升。

2018 年 6 月，习近平总书记亲临济南，在视察浪潮集团时强调指出："创新发展、新旧动能转换，是我们能否过坎的关键。要坚持把发展基点放在创新上。"2021 年 10 月，习近平总书记再次视察山东，在济南主持召开深入推动黄河流域生态保护和高质量发展座谈会，提出了"三个走在前"的殷切期望，其中之一就是"在增强经济社会发展创新力上走在前"。

踏上新时代新征程，济南市一定牢记习近平总书记的殷殷嘱托，深学细悟习近平总书记重要指示要求，站在建设"强新优富美高"新时代社会主义现代化强省会的新起点，济南全市上下正不断强化"创新决胜未来"的理念，把创新引领融入发展的各领域、各方面、各环节，谱写现代化强省会建设崭新篇章。

向新而行，济南的未来是星辰大海！

三、以数而城，数字济南建设 领先"新赛道"

　　"数字经济"一词最早由著名新经济学家唐·泰普斯科特在其 1996 年出版的《数字经济》一书中提出。紧接着尼古拉斯·尼葛洛庞帝在《数字化生存》中向人们讲解了信息技术的未来发展趋势、应用及其巨大价值。

　　从那时起，各国政府便纷纷采取措施将数字经济作为推动经济增长的新动能。2008 年金融危机以来，各国为了尽快走出经济衰退的泥潭，纷纷制定数字经济战略。近年来，我国也高度重视数字经济在引领经济增长、产业结构升级方面的巨大推动作用，并作出重要部署。

　　习近平总书记高度重视数字技术、数字经济。党的十八大以来，习近平总书记多次就数字中国建设作出重要论述、提出明确要求，深刻阐释了为什么要建设数字中国、怎样建设数字中国的重大理论和实践问题。2017 年，"建设数字中国"写入党的十九大报告。2022 年，党的二十大报告明确提出"加快建设数字中国"。

　　2023 年 2 月，党中央、国务院专门印发了《数字中国建设整体布局规划》，提出了数字中国建设"2522"的整体战略框架：夯实数字基础设施和数据资源体系"两大基础"；推进数字技术与经济、政治、文化、社会、生态文明建设"五位一体"深度融合；强化数字技术创新体系和数字安全屏障"两大能力"；

优化数字化发展国内、国际"两个环境"。同年 3 月，党中央、国务院印发了《党和国家机构改革方案》，其中也提出新组建国家数据局，形成了从战略规划到战略落地、战术执行的完整体系。数字化建设的重要性与受重视程度由此可见一斑。

数字经济是继农业经济、工业经济之后的一种新的经济社会发展形态，也需要土地、劳动力、资本、技术等生产要素和相应的基础设施与之配套。与以往不同的是，其中很多要素都需要数字化，且会产生数据这一新的生产要素，这也成为驱动经济增长的关键生产要素，数字基础设施也就成为新的基础设施。

因此，数字经济带有创新性、规模性与革命性的突出特点。当前，我国数字经济与数字化建设发展势头强劲，《数字中国发展报告（2022 年）》显示，2022 年我国数字经济规模达 50.2 万亿元，总量稳居世界第二，同比名义增长10.3%，占国内生产总值比重提升至 41.5%。2023 年我国数字经济规模达到 53.9万亿元，较上年增长 3.7 万亿元，增幅扩张步入相对稳定区间，数字经济增长对GDP 增长的贡献率达 66.45%。数字化也正以不可逆转的趋势深入社会每个角落，影响和改变着我们的生产、生活方式。

对于济南市的城市发展而言，数字经济的地位也逐渐凸显。近年来，济南抢下数字化先手棋。"十三五"期间，济南市数字经济发展实现了量质齐升，数字经济规模占 GDP 比重达到 42%，走在了全省、全国前列，为"十四五"良好开局，奠定了坚实的基础。

全面推进数字济南建设，是推进济南现代化的重要路径。如今，在全力打造数字先锋城市的道路上，济南奋勇争先，"从起跑到领跑"做到心中有"数"，久久为功。

（一）全面推进数字济南建设"从起跑到领跑"

1. 数字济南建设离不开高规格组织与系统性谋划

积极推动数字化建设，济南坚持高标准谋划，把加快打造数字济南作为推进济南现代化的重要抓手来抓。

高标准首先体现在组织框架上。济南将数字济南建设列为"一把手"工程，成立数字济南建设领导小组，由市委书记、市长任双组长，统筹领导全市数字济南建设。成立综合协调、数字机关、数字政府、数字经济、数字社会、城市安全运行、政务服务等7个工作专班，具体负责相关领域数字化建设任务，整体构建了领导小组统筹、各级各部门协同、全社会参与的工作推进机制。

2022年9月，济南市委、市政府召开数字济南建设推进大会，大会覆盖了市、区（县）、街（镇）三级，收听收看人数超过2万人，社会各界总收看人数接近10万人。

如此"万人大会"在济南历史上还属首次，城市对数字济南建设的重视程度可见一斑。

一年之后，2023年7月，济南市再一次召开了数字济南建设重点突破大会。大会参会范围除覆盖市、区（县）、街（镇）三级干部外，还首次邀请了数字技术、数字技术与制造业融合重点企业代表参会。会议系统总结了数字济南建设工作进展情况，并对下一步重点工作作了安排部署。

济南市委书记在大会上强调，2023年是数字济南建设"重点突破年"，要在5个方面实现重点突破：一是在体系定型方面突破，完善"1+4+N"框架体系中的17个专项应用，搭建好数字济南整体智治框架；二是在系统重构方面突破，全面完成各级各部门内部系统优化整合，做到统一入口、"一件事"集成办

2022 年 9 月 23 日，召开数字济南建设推进大会（图片由济南日报报业集团提供）

理，推动政务效能大幅提升；三是在数据同享方面突破，全量汇聚各级各部门数据资源，基本建成全市通用共享的"数据湖"，进一步增强一体化大数据平台的支撑能力；四是在产业升级方面突破，持续壮大软件、人工智能、工业互联网等标志性数字产业，推动集成电路、量子信息、空天科技等未来产业取得新突破；五是在场景拓展方面突破，打造一批具有全国影响力和济南辨识度的应用场景，擦亮数字济南建设品牌。

此外，在具体工作推进中，济南要坚持目标导向和问题导向，坚持系统观念和整体思维，防止"表面化""简单化""小而全""高大上""盲目干""单打一"等错误倾向，聚焦数字济南建设中存在的突出问题，有的放矢、持续发力。

高标准还体现在顶层设计过程之中。按照"一年夯实基础、两年重点突破、三年全面提升、四年示范引领"的总体安排，济南印发《关于加快数字济南建设的意见》《济南市数字机关建设方案》《济南市数字政府建设方案》《济南市数字经济建设方案》《济南市数字社会建设方案》，全方位一体化推动重大专项体系建设，形成了全市"1+4+N"政策体系，为数字济南建设提供了路线图、施工图。其中，"1"就是围绕打造数字先锋城市一个目标，"4"就是数字机关、数字政府、数字经济、数字社会 4 个核心领域，"N"就是 N 个方面的重大专项应用，包括数字纪检、数字组工、数字法治、数字统战等方面重大应用。

在具体工作推进中，济南实施挂图作战，分年度制定数字济南建设工作台账，将具体工作任务细化分解到每月、每旬，逐一明确责任部门和完成时限，倒排工期，强力推进。同时强化督查调度，及时调度各工作专班及重大专项工作推进落实情况，并将数字济南各项工作任务纳入市委、市政府重点督查内容，开展专项督查。

2. 数字产业化、产业数字化与算网一体化协同发展

数字经济是济南的支柱型产业。发展数字经济，主要有数字产业化、产业数字化与算网一体化三个方面的重点任务。

近年来，济南加快数字化进程，数字产业化、产业数字化与算网一体化创新协同发展，积极打造国内数字产业化发展核心区、产业数字化转型示范区、算网一体化建设引领区。

2023 年，济南全市数字经济核心产业规模达到 6559 亿元，数字经济核心产业增加值占 GDP 比重达到 19% 以上，继续稳居全省首位。其中，软件业务收入达到 5315 亿元，软件名城评估位列全国第七位；天岳碳化硅二期、比亚迪半导体等重点项目加速推进，集成电路产业持续壮大；新增 2 个省级数字经济园区、3 个山东省"十强"产业雁阵形集群，形成了以浪潮集团、高速信息、中孚信息、山大地纬、华天软件等一批重点企业为引领、2000 多家优秀企业集聚的产业集群。

得益于在新一代信息技术与大数据产业领域的深耕与布局，济南数字产业

的规模化、集群化发展特点鲜明，多个数字经济产业园正加快发展，成为济南数字产业发展的重要支撑。其中，作为我国成立最早的"四大软件园"之一，齐鲁软件园经过二十多年深耕，已跻身山东省软件名园，成为山东省首批数字经济园区和省内唯一国家新型工业化产业示范基地，园区已形成大数据、集成电路、人工智能、量子信息等主导产业，27 平方千米的范围内，已注册企业达 7 万余家，涌现出浪潮集团、金现代、华天软件、神思电子、概伦电子、中孚信息等数字经济领域的龙头企业。2022 年，齐鲁软件园大数据和新一代信息技术产业规模达到 3200 亿元，占全市比重超过 60%。

早在 2011 年，济南就获批全国第二个软件名城。目前，全市行业纳入统计企业超过 2000 家，从业人员超过 30 万人，产业规模、创新平台、重点企业、优秀产品等指标连年位居山东省首位。在此基础上，济南制定出台了《济南市加快软件名城提档升级三年行动计划（2023—2025 年）》与《济南市集成电路产业集聚区认定管理暂行办法》等细分领域的专项政策和行动方案，不断提升核心产业发展能级。数据显示，2023 年济南市集成电路设计业增速为 15.4%，位

高新区齐鲁软件园鸟瞰图（摄影　徐舟）

列全国第四，增速连续 3 年排在全国城市前十，连续 3 年增速居北方城市首位。

产业数字化方面，济南同样可圈可点。通过全面推进企业"上云用数赋智"，2022 年济南成功培育省级智能工厂、数字化车间 12 个，智能制造标杆企业 6 家；有 3 家平台入选国家支持的中小企业数字化转型公共服务平台，占全省 50%；上云企业突破 6 万家，位居全省首位；新增 5 个国家工业互联网标识解析二级节点，累计达到 11 个，新增 18 个省级工业互联网平台，培育 20 个工业互联网应用创新示范项目。2023 年，济南市又新增 1 家国家级"双跨"工业互联网平台、2 个国家级特色工业互联网平台、11 个省级工业互联网平台，省级及以上平台总数达到 72 个，累计培育两化融合贯标企业 625 家，成功入选国家首批中小企业数字化转型试点城市。

在此基础上，济南主动助推本地企业数字化转型，印发实施《济南市加快工业互联网创新发展实施"工赋泉城"行动计划（2023—2025 年）》，将创新性开展数字化转型诊断免费服务，计划 3 年内为 1000 家以上企业"诊断把脉"，帮助企业找准关键"病灶"，量身定制数字化转型"药方"，解决"不会转"的难题。未来 3 年，济南还将每年拿出不少于 1 亿元财政资金，重点支持工业互联网领域网络设施、重点平台、应用示范项目等建设，充分发挥财政资金引导作用，切实把政策红利转化为促进工业互联网高质量发展的实效。

与此同时，济南算网一体化同样大踏步向前。济南聚焦打造黄河流域信息枢纽中心城市，加快新型数字基础设施建设。近年来，济南加快打造"中国算谷"，国内超过 50% 的人工智能算力来自济南，浪潮一体化大数据中心启动建设，济南人工智能计算中心上线试运行，济南超算建成"神威·蓝光"第二代产品，"山河"超级计算平台综合算力处于国际前列。截至 2023 年底，全市累计建设 5G 基站 4.3 万处，5G 分流比、宽带用户下载速率均居全省首位。全市算力规模达 1900P，居全国首位；国家超级计算济南中心构建的验证性计算集群在 10 节点研究型榜单登顶夺冠。开通济南国家级互联网骨干直联点，完成"星

国家超级计算机济南中心（摄影　燕瑞国）

火·链网"超级节点主体能力建设，建成覆盖全省 16 市的 5600 千米确定性骨干网络。

3. 城市数字化助力提升济南人民幸福感

数字济南建设，促使政府服务能力全面提升。城市的治理也因数字建设更加高效、便民。济南城市数字化进程持续提速，大幅提升人民群众体验感、幸福感及满意度。

2023 年 4 月，济南成功举办第十七届中国电子政务论坛暨数字变革创新峰会，成为继北京、广州之后的第三个举办城市，数字济南品牌影响力持续提升。

济南全面筑牢城市治理数字化底座。全市重点打造了"一朵云"、"两张网"和"五大库"。其中"一朵云"就是济南政务云，这是全国首个市级政务云，2021 年全市政务系统上云率达到 100%。"两张网"就是 5G 网络和千兆光网，全面推动双网协同建设、应用普及和行业赋能，建成开通国家级互联网骨干直联点，启动全球首张确定性网络，入选全国首批千兆城市。"五大库"就是人口、法人、电子证照、空间地理、公共信用等 5 大基础数据库，济南市着力打破数据信息壁垒，构建以"五大库"为支撑的全市一体化大数据平台，目前已汇聚 75 亿条数据，开放数据量 9 亿余条，连续 3 年荣获全国"数开成荫奖"。

数据赋能"城市大脑"，人民群众办事更实惠更便捷，幸福感、获得感不断提升。例如，2020 年，济南在全省率先启动"无证明城市"建设，通过梳理证明事项、强化数据共享、丰富应用场景等措施实现减证便民、无证利民。"无证明城市"建设领跑全省，60 多个高频证明事项实现网办掌办，审批环节优化缩短 70%，全面开展为新开办企业免费发放电子印章工作。又如，济南全面推动政务服务"一网通办"，推动审批事项"一件事一次办"。依申请政务服务事项可网办率达到 99% 以上，"集成办"服务专区上线 74 项"一件事一次办"集成服务，整合 235 项单事项。再如，在社保待遇的资格认证上，通过打造社保待遇静默认证平台，打破数据壁垒，能够自动抓取济南全市 192 万待遇领取人的生存轨迹，静默认证率高达 99.75%，实现领取社保待遇资格认证"无感办"。在义务教育报名事项上，"家长现场排队登记、现场提交纸质材料、工作人员录入信息"的传统入学报名方式，变为现在的"家长网上填报、政务数据共享校验、工作人员后台审核确认"全新模式，实现了家长报名"一网通办"，随时随地，方便快捷。

（二）结语

从当前发展现状来看，从全国到地方，加快建设现代化产业体系成为高质量发展的重要命题之一。

在这个过程中，实体经济成为发展经济的着力点。而要突破提升实体经济，数字化转型成为必经之路。不断提升实体经济与数字经济的融合水平，成为从全国到地方都在着力推进的工作。

在全国数字经济发展浪潮中，济南已形成诸多发展优势。但同时也要看到，与国内先进城市相比，济南数字经济发展水平还有差距。如北京，2023 年数字经济核心产业实现增加值 1.1 万亿元，占 GDP 比重为 25.3%；深圳数字经济核心产业增加值 2023 年突破 1 万亿元，占 GDP 比重 28.9%；杭州 2023 年数字经济核心产业实现增加值占 GDP 比重为 28.3%。相比之下，济南数字经济引领带动能力还不够强，产业链式集群规模化发展程度还不够高，尚未形成大中小企业协同创新发展的产业格局。

为此，济南将以打造数字先锋城市为牵引，深入实施数字化转型行动，塑优培强数字经济发展新优势。包括要完善提升新一代信息技术装备产业链，以中国算谷为依托，加大上下游招商引资力度，加大核心技术攻关，巩固提升服务器产业优势；推进山东华光半导体激光器、比亚迪半导体研发中心等重点项目建设，加快打造特色集成电路产业基地；实施"工赋泉城"行动，推动数字技术赋能全行业，打造一批工业互联网标杆工厂、5G 全连接工厂、灯塔工厂和晨星工厂等。

从长远来看，按照济南印发的《加快数字化高质量发展打造数字先锋城市推进方案》，到 2025 年，济南数字经济产业能级将达到万亿级，占 GDP 比重超过 50%，数字产业化和产业数字化产业规模均达到 7000 亿级，城市数字化水平位居全国前列。

锚定目标，乘势而上，朝着"打造省内领跑、全国一流的数字先锋城市"加速奔跑，济南的数字未来更可期！

第四章

可感可及
人与自然和谐的共生实践

黄河落天，万里胸怀。古老的黄河穿城而过，见证着"河城交融、蓝绿交织"沿黄特色风貌带的惊艳嬗变。

汩汩清泉，日夜喷涌。趵突泉复涌20年，千泉竞涌、甘甜清冽，润物无声地融进了济南人的生活。

湖光浩渺，山色遥连。"三面荷花四面柳，一城山水半城湖"，大明湖畔碧波荡漾，华山湖十里荷塘如诗如画。

黄河、小清河、徒骇河、牟汶河等主流如龙跃骏马，奔腾不息，共同编织着这座城市的蓝色血脉。

俯瞰泉城，山泉湖河城交相辉映。从城市到农村，从平原到山间，蓝天常驻、绿水长清、黄土复净，这座生态宜居城市绘就了高质量发展的美丽画卷。

济南宛如一颗璀璨的明珠，镶嵌于山水之间，泉水叮咚，更是诠释着人与自然和谐共生的理念。美丽的济南，是生态环境持续优化的生动注脚，闪烁着生态保护和可持续发展的"荣光"。

济南，这座古老而又年轻的城市，正以它独有的方式，诉说着人与自然和谐共生的美好故事，演绎着一场场生态和谐的精彩篇章。

今天的济南，听得见泉水叮咚、看得见鱼游浅底，成为宜居宜业宜游的魅力之城。

一、生态友好，写好黄河流域 生态保护"大文章"

大河映碧翠，一脉承古今。黄河是中华民族的母亲河，是华夏文明的摇篮，孕育了光辉灿烂的文化，以其百折不挠的磅礴气势构筑起自强不息的民族品格，成为我们伟大民族精神的重要象征。

治理黄河，历来是中华民族安民兴邦的大事。黄河流域的生态保护和高质量发展，既事关我国东西区域、南北区域的协调发展，也事关促进共同富裕，是解决发展不平衡不充分问题的内在要求。

"共同抓好大保护，协同推进大治理"，"让黄河成为造福人民的幸福河"。2019年9月18日，习近平总书记主持召开黄河流域生态保护和高质量发展座谈会并发表重要讲话，着眼全国发展大局，作出了加强黄河治理保护、推动黄河流域高质量发展的重大部署。由此，黄河流域生态保护和高质量发展，同京津冀协同发展、长江经济带发展、粤港澳大湾区建设、长三角一体化发展一样，上升为重大国家战略。

2021年10月8日，中共中央、国务院印发《黄河流域生态保护和高质量发展规划纲要》，明确提出"支持济南建设新旧动能转换起步区"。2021年10月22日，习近平总书记在济南主持召开了深入推动黄河流域生态保护和高质量发展座谈会，对山东提出"三个走在前"的重要指示要求，其中之一就是"在推动黄河流域生态保护和高质量发展上走在前"。

如今，黄河两岸，流域内湿地、河湖水系等一体化生态保护治理，正催生出一场完美蝶变：沿河绿色廊道一路向东，两岸水系鱼翔浅底、波光粼粼；黄河长久安澜，奔腾不息的河水见证着城市的长高、长大；两岸日新月异，黄河流域中心城市乘势而上，新旧动能转换起步区加快崛起……深入践行"重在保护、要在治理"的要求，济南统筹山水林田湖草沙生态要素和"山泉湖河城"独特禀赋，高标准打造济南黄河生态风貌带，从"大明湖时代"大跨度迈向"黄河时代"。

黄河绿色生态廊道成打卡新地标（图片由济南日报报业集团提供）

（一）擦亮黄河流域绿色发展底色

1.守护黄河安澜，写好"黄河文章"的"治水篇"

大河之治，始于安澜。黄河生态安全是黄河流域经济社会可持续发展的重大前提。千百年来，中华民族既深得黄河哺育泽被之利，又饱受黄河洪水泛滥之苦。在一代接一代中国共产党人的艰辛探索和不懈努力下，古老黄河逐步成为一条利民之河、安澜之河。

近年来，为保护母亲河，一系列制度规划先后出台：《黄河流域生态保护和高质量发展规划纲要》对黄河流域生态保护和高质量发展进行全面部署，为保护母亲河擘画长远蓝图；《中华人民共和国国民经济和社会发展第十四个五年规划和2035年远景目标纲要》提出要扎实推进黄河流域生态保护和高质量发展；《中华人民共和国黄河保护法》2023年4月1日起施行，为黄河保护治理提供有力法治保障；《黄河流域生态环境保护规划》印发，明确具体发展目标，到21世纪中叶，黄河流域生态安全格局全面形成，重现生机盎然、人水和谐的景象，幸福黄河目标全面实现，在我国建设富强民主文明和谐美丽的社会主义现代化强国中发挥重要支撑作用。

保护母亲河，济南坚持"人民至上、生命至上"，统筹防洪减灾工程措施和管理措施，实现水库稳固、河道通畅、城市安全，保障河湖安澜、人民安宁，在黄河治理的历史上书写了浓墨重彩的一笔：着力以黄河干流、滞洪区、支流河道为架构，推进"二级悬河"综合治理，构筑现代化防洪减灾体系；统筹抓好重点河流综合整治，增强湖库蓄存滞洪功能，打通水系脉络，疏浚行洪河道；构筑黄河大数据中心等平台，加快建设"智慧生态黄河"，助力黄河流域精确蓄水控水……在高标准建设了黄河济南段标准化堤防工程这一荣获"鲁班奖"的有形"防洪屏障"基础上，济南通过推出一系列有力举措，为城市筑就了虽然无形却固若金汤的"防洪之墙"。

力保黄河安澜，只是济南近年来在"治水"之路中的其中一步。黄河流域最大的矛盾是水资源短缺。作为闻名四海的天下泉城，济南其实是一座人均水资源占有量只有290立方米的缺水城市。做好"节水文章"，既是济南进一步做好保泉护泉工作的现实需要，更是这座城市切实写好"黄河文章治水篇"的应

云桥诗境（图片由济南市摄影家协会提供）

有之义。

济南明确提出打造节水典范城市，出台《济南节水典范城市建设方案》，坚持节水、联水、活水、亲水"四水共治"，着力推动用水方式由粗放低效向节约集约转变。将节水贯穿"取、供、用、耗、排"全过程，坚决遏制"两高"项目盲目发展，坚决遏制违规取水用水，扎实开展节水制度、水源保障、行业水效、管理效能、市场机制、节水文化提升行动，构建形成节水长效制度体系，在这一众"节水之策"的推动下，一座崭新的节水典范城市加快崛起。

近年来，围绕"以水定城、以水定地、以水定人、以水定产"，济南统筹抓好黄河两岸、流域内湿地、河湖水系等一体化综合治理，实现了河湖安澜和水安全的有效保障：累计整治中小防洪河道22条、总长度达264千米，完成水土流失治理面积 400 平方千米。2023 年，济南市强化水资源刚性约束，严格落实水资源消耗总量和强度"双控"，全市万元 GDP 用水量 14.07 立方米，较"十三五"末下降 17.6%，全市水资源利用效率和效益全面提升。连续 22 年保持国家节水城市称号。济南的老百姓像爱护眼睛一样爱泉护泉，趵突泉泉群实现 20 年持续喷涌。

2. 坚持生态优先，写好"黄河文章"的"生态篇"

济南地处黄河下游，黄河济南段上连东平湖，下接黄河三角洲，生态保护做得怎么样，事关整个黄河流域生态系统质量和稳定性。想做好"黄河文章"，必须写好其中的"生态篇"。

"打造黄河流域生态保护示范标杆"是这座城市的应有担当。作为黄河流域中心城市，济南坚定不移把生态环境保护放在推进落实黄河重大国家战略的优

趵突泉泉群 20 年持续喷涌（摄影 董丽娜）

黄河济南段两岸形成绿色屏障（图片由济南日报报业集团提供）

先位置，把黄河生态系统作为一个有机整体，统筹考虑、一体推进。

　　坚持以系统治理为路径，沿黄生态风貌全面提升。一是深化历史遗留矿山生态修复治理，通过辅助再生、生态重建等模式，已完成生态修复历史遗留图斑 358 处、修复面积 946 公顷。建成平阴县山水水泥、章丘区济钢环保新材料等 28 家省级以上绿色矿山，推进"矿山变青山，矿区变景区"。二是突出生物多样性保护，启动千佛山－龙洞生物多样性保护优先区域本底调查，加快建设生物多样性监测网络。强化鸟类栖息地及野生动植物资源保护，黄河沿岸鸟类由 130 种增加至 140 余种。三是扎实推进湿地保护修复，以植被恢复、野生动物栖息地恢复、水系连通及科研监测等为重点，完成沿黄湿地公园生态修复 70.78 公顷。建设"多维一体"的绿色生态景观廊道，新增公园绿地面积 1015.5

亩。不断加强防护林带建设，完成生态造林 8184 亩，初步构建起黄河沿线错落有致、季相分明、绿色低碳的生态屏障。

以高质量规划为引领，国土空间布局持续优化。一是完成国土空间规划"三区三线"划定，市级国土空间规划成果经省国土空间规划委员会全体会议、省政府常务会议审议通过。加快编制 27 项市级空间类专项规划，开展城镇开发边界内控制性详细规划和城镇开发边界外村庄规划编制，不断夯实城市绿色发展基础。二是编制完成全市国土空间生态修复规划，加快构建"一山一河、多廊多点"的功能复合型全域生态空间格局。积极开展山体保护规划修编，划定 6 类应列入重点保护名录的山体保护控制线，打造"近可登、远可观"的城市山体。印发《济南黄河生态风貌带规划》，高标准、高质量打造 183 千米的济南黄河生态风貌带。三是助力起步区绿色低碳高质量发展，推进起步区大桥组团控制性详细规划审查报批，明确"一带·三区·四园·多点"的绿化规划结构，

绿色抹画的现代化城市（图片由济南摄影家协会提供）

打造乡土化、林荫化、彩色化的道路行道树体系，建设新时代现代化田园城市。

　　深入打好三大保卫战，生态环境质量大幅改善。一是深入打好蓝天保卫战。出台实施重污染天气消除、臭氧污染防治和柴油货车污染治理3个攻坚方案，完成焦化、水泥行业227个点位超低排放改造，在全省率先开展老旧汽油车报废更新资金补贴，2024年以来兑付资金5000余万元。二是深入打好碧水保卫战。充分发挥在线监控、跨区联动、专家会诊作用，及时发现并处置水污染隐患，切实保障水环境质量。坚持分区管控、分类管理，通过"查、测、溯、治"，全面建立黄河流域入河排污口"一张图"。完成2318个行政村生活污水治理，深度治理94处农村黑臭水体，流域环境质量稳步提升。三是深入打好净土保卫战。在全市上下共同努力和社会各界的关心支持下，济南生态文明创建工作取得积极进展，成功创建历下区、市中区等5个国家级生态文明建设示范区，历下区、莱芜区房干村2个国家级和南部山区等8个省级"两山"实践创新基地相继获批，

历下区、历城区和商河县获评省生态文明强县。济南市先后入选低碳城市、气候适应型城市、无废城市 3 个国家级试点，新一轮"四减四增"三年行动省级评估获评优秀等次。

以执法监管为抓手，自然资源安全底线更加稳固。一是全面提升环境监管水平，启动智慧生态黄河项目建设，汇聚生态环境数据 82 亿条，整合监控视频 1.7 万路，推动监管执法智慧化、高效化。深入开展打击危险废物环境违法犯罪和重点排污单位自动监测数据弄虚作假违法犯罪"两打"专项行动，严厉打击生态环境违法犯罪行为。二是组织开展市级卫片执法工作，全面推广"空天地"一体化自然资源执法监管场景应用，对违法占用土地、违规开发建设等问题，做到早发现、早预警、早处置。全面落实耕地保护目标责任制，坚持系统观念，统筹发展与保护并重，严格耕地"占补平衡"和"进出平衡"，切实守住耕地保护红线。三是不断健全完善"行刑衔接"机制，创新建立"纪行衔接"机制，以"长牙齿"的"硬措施"，统筹保护山水林田湖草沙资源，严厉打击非法开采、偷采盗采山石资源行为，严肃查处土地违法违规案件，积极助力黄河流域生态保护。

追蓝逐绿、向美而行，生态着笔，画卷有多美？数据最有说服力。

"山泉湖河"是济南的独特风貌，济南人一心传承这片绿水青山，开启生态保护新篇章。2023 年，济南全面完成省下达的 2023 年度各项空气质量考核指标。济南 21 个国、省控断面和 16 处城镇饮用水水源地水质连续五年实现 100% 达标，其中，小清河（济南段）辛丰庄出境断面连续三年实现地表水 III 类以上；10 个国控断面优良水体比例连续三年保持 100%，超过省定"十四五"目标 30 个百分点；全市水质指数为 4.59，在山东省城市水环境质量指数排名中连续两年位居全省第一。

从拍不到候鸟，到现在每年能拍到十几种在济南过冬的候鸟，济南正成为生机勃勃的生态之城。从网红打卡地千亩银杏林到黄河樱花大道，再到实施济南黄河堤防工程绿化提升改造，如今绵延百里的济南黄河形成了 2.5 万亩、300

余万株生态林带，植被层次丰富有致，四季风光不同，令人流连忘返……

碧水东流，滔滔不息，济南市巩固提升黄河流域生态环境的脚步从未停歇。今后五年是美丽中国建设的重要时期，济南将在"强新优富美高"中实现"生态环境美"，加快发展方式绿色转型，协同推进降碳、减污、扩绿、增长，推动形成节约资源和保护环境的生产方式、生活方式、空间格局。

济南黄河畔"樱花大道"（图片由济南日报报业集团提供）

3. 坚持绿色低碳，写好"黄河文章"的"发展篇"

坚定不移加快新旧动能转换，是落实黄河重大国家战略、促进绿色低碳高质量发展的根本所在。沿黄河两岸布局，起步区这片总面积798平方千米的发展热土，既是山东、济南推动新旧动能转换的主战场，也是落实黄河重大国家战略的主阵地。

2021 年 4 月，《济南新旧动能转换起步区建设实施方案》获批，从此迎来高标准建设开局的起步阶段；同年 10 月，《黄河流域生态保护和高质量发展规划纲要》明确提出"支持济南建设新旧动能转换起步区"，标志着起步区建设进入黄河重大国家战略总体布局。随后，无论是在《国务院关于支持山东深化新旧动能转换推动绿色低碳高质量发展的意见》，还是山东省第十二次党员代表大会报告《山东省建设绿色低碳高质量发展先行区三年行动计划（2023—2025 年）》，起步区均被反复"点名"，其战略定位之高可见一斑。

政策红利是实实在在的。坐拥自由贸易试验区、国家级新区、国家自主创新示范区和全面创新改革试验区"四区合一"的政策优势，起步区已然成为改革创新的试验田。多个全省之"首"诞生于此——成功推出了全省首个新业态食品经营试点、首张自动制售设备食品经营许可证、首批"代位注销"等一批首创性经验，"国际标准地招商产业园起步区片区 F-1 地块"成为省市首个建筑师负责制项目。

机遇加持下，起步区的发展"跑"出了不俗的加速度。2023 年，济南起步区全域地区生产总值完成 370.7 亿元、增长 36.7%，规模以上工业增加值增长 135.1%，固定资产投资增长 12.4%；社会消费品零售总额完成 156.7 亿元、增长 4.6%，一般公共预算收入增长 21.5%，并在全市重大项目观摩综合评议中排名第一，成绩不可谓不喜人。放眼未来，起步区目标明确。到 2025 年，综合实力大幅提升，科技创新能力实现突破，高新技术产业产值占规模以上工业总产值比重接近 60%，现代化新城区框架基本形成。到 2035 年，现代产业体系基本形成，绿色智慧宜居城区基本建成，生态系统健康稳定，实现人与自然和谐共生的现代化。

"无废城市"建设也是推进黄河流域生态保护和高质量发展重大国家战略的重要举措。自 2022 年 4 月入选国家"十四五"时期"无废城市"建设名单以来，济南市坚持以绿色低碳为导向，加速推进"无废城市"建设。

印发《济南市"无废城市"建设实施方案（2022—2025年）》，制定无废村庄、无废学校、无废商超等12个领域的"无废细胞"创建指南，以"遗存无废化、建设无废化、发展无废化"为总目标，打造一批"无废细胞"示范工程。

积极深化工业固废管理，累计获评国家级绿色工厂19家，搬迁改造、关停腾退老工业区企业80余家，打造钢铁等行业"无废化"发展示范。着力建立健全医疗废物处置体系，危险废物收集、处置能力不断优化。

扎实推进生活垃圾分类，撤除零散不分类投放点2.3万余处，设置分类投放点1.5万余处。健全完善垃圾分类投放、收运、处置"全链条"，无害化处理率达到100%，原生垃圾实现零填埋、全量焚烧。探索建立市场主导、政府引导相结合的建筑垃圾消纳处置和资源化利用机制，已初步构建起统一投放、专业运输、分类处置、资源化利用的建筑垃圾管理体系。

立足已有成绩，济南聚焦深化新旧动能转换，全力推动绿色低碳高质量发展，在建设高水平创新型城市、构建更具韧性的现代产业体系、促进人与自然和谐共生等方面积极探索、先行一步，努力为全省绿色低碳高质量发展打造样板、提供示范。

2023年济南数字经济核心产业规模达到6559亿元，数字经济核心产业规模及增加值占比均居全省前列，累计建设5G基站4.7万处。按照计划，到2025年，济南数字经济核心产业规模将达到8000亿元，数字经济规模占GDP比重达到52%以上；建设5G基站6万个以上。黄河穿城而过，见证着济南奋进的足迹。这座城市用拼搏实干书写的"黄河文章"越发精彩，未来的崭新章节值得期待。

（二）结语

黄河流域生态保护和高质量发展重大国家战略为济南带来前所未有的发展

机遇，也赋予了这座城市重大历史使命。

济南要发挥济南黄河流域中心城市带动作用，创新沿黄城市空间利用模式，把全生命周期管理、韧性城市理念贯穿沿黄城市规划建设管理全过程，系统化推进海绵城市建设，分区分类分段推进河道整治、滩区治理、生态修复、污染防治等重大工程，推进森林城市、森林村居品质提升，从城河为邻走向城河相融，从而实现拥河而兴、水城共融，打造人城河和谐共生、相依共荣的活力廊道。

二、绿水青山，济南人触手可及的小确幸

"稷下湖山冠齐鲁"，三百多年前，前人饱览济南风姿后，发出了这样的赞叹；"一城山色半城湖"，沧桑巨变，天蓝、地绿、山青、水净的济南风光从未改变。

党的十八大以来，济南市坚持可持续发展，坚持节约优先、保护优先、自然恢复为主的方针，像保护眼睛一样保护自然和生态环境，坚定不移走生产发展、生活富裕、生态良好的文明发展道路，济南市生态环境得到了极大的改善。推窗见绿、出门入园，已成为济南人的生活常态。

建设美丽济南一直是泉城人民的孜孜追求，也是历届济南市委、市政府一脉相承的奋斗目标。2023年3月7日，济南市委书记在中共济南市委党校（济南行政学院、济南市社会主义学院）春季开学"第一课"上提出，加快建设"强新优富美高"新时代社会主义现代化强省会。其中的"美"，就是实现生态环境美，既体现了生态文明建设的重要性，也体现了发展的延续性，更是"一张蓝图绘到底"的真实写照。

今天的济南，本着对人民负责、对未来负责、对子孙后代负责的精神，不断加快发展方式绿色转型，协同推进降碳、减污、扩绿、增长，努力推动形成节约资源和保护环境的生产方式、生活方式、空间格局。

（一）良好的生态环境是最普惠的民生福祉

1. 有一种蓝叫"泉城蓝"

"山光扫黛水挼蓝，闻说樽前惬笑谈。"这是北宋诗人黄庭坚向往济南美景而写的诗。他虽未到过济南，却在与长居济南的众亲友的书信往来中表达了对济南的心驰神往，留下了"济南潇洒似江南"的千古佳句。

时光流转，跨越千年。济南，在迈向中国式现代化的征程中，瞄准建设生态环境美的"强新优富美高"新时代社会主义现代化强省会的目标阔步向前。明媚的阳光配上蓝天白云，一幅幅"泉城蓝"的美景图刷爆了泉城市民的"朋友圈"。

鱼跃百花洲（摄影 程先好）

"好气质"来自持续发力、久久为功。大气污染治理是系统性工程，无法毕其功于一役。党的十八大以来，济南市委、市政府深入贯彻落实习近平生态文明思想，对生态环境保护重视程度之高前所未有、生态环境质量改善速度之快前所未有、污染防治攻坚力度之大前所未有、科技助力治污效果之好前所未有。

2017年，包括济南在内的"2+26"城市被列入京津冀大气污染传输通道治理实施范围，济南市办公厅发布《济南市建设工程扬尘污染治理若干措施》"最严治尘令"；2018年，济南市人民政府办公厅印发《济南市2018—2020年煤炭消费减量替代工作方案》《济南市打赢蓝天保卫战三年行动方案暨大气污染防治行动计划（三期）》等多个方案；2021年，"十四五"开局之年，开启深入打好蓝天保卫战的新阶段。

面对复合型污染特点，从煤烟型污染治理，到工业、机动车、扬尘等综合防治，各项措施压茬推进，环境效益逐步释放。2013年，$PM_{2.5}$年均浓度为110微克／立方米，2017年降至65微克／立方米，2018年为53微克／立方米，2020年为50微克／立方米，2023年降至38微克／立方米。接力赛跑，驰而不息，"一张蓝图绘到底"是济南大气污染治理能够取得历史性突破的关键。

空气质量实现历史性突破，得益于齐抓共管、多元施治的系统施策。济南市成立市生态环境委员会，全面加强党对生态文明建设和大气污染防治工作的领导；出台"大气污染防治实施方案"，明确各级党委、政府及有关部门、单位职责，为形成监管合力提供制度保障；健全督察机制，深入开展生态环保督察考核追踪问效；强化法治保障，制修订大气类地方性法规；全面实施排污许可"一证式"管理，引导企业持证排污、按证排污；充分发挥经济政策鼓励作用，出台清洁取暖等多项经济政策，逐步建立起包括补贴、收费、奖励等多手段的地方环境经济政策体系。各级党委、政府及有关部门齐抓共管、主动作为、形成合力，保障了各项举措落地见效。

空气质量实现历史性突破，得益于攻坚克难、科学施治的创新精神。开展3

年蓝天保卫战措施评估，不断提升措施的精准性、有效性；详细编制并动态更新大气污染物排放清单，为大气污染防治管理决策提供支持；构建"天空地"一体化、智能化空气质量网格化监测系统，实现对所有街道（乡镇）颗粒物监测全覆盖；搭建了污染源在线监测、用电量监控、视频监控等组成的重点污染源自动监控体系，各类数据均接入智慧环保平台，实现一张图报警、一个平台管控、一套体系处理；在环境监测、污染源监管等方面全面构建"智慧＋环保"监管新模式。

空气质量实现历史性突破，得益于全民共治、区域协同的治理体系。大气污染治理过程中，每个人都是参与者、实践者。企业自觉履行环保责任，开展环保技改、进行"一厂一策"深度治理，主动加入环保设施开放单位、生态环境教育基地行列，成为开展社会生态环境教育的"大课堂"；广大社会公众积极拥抱生态文明理念、践行绿色生活方式，通过参加有奖举报，拨打12345市民服务热线等方式，反映身边的环境问题，监督环境违法行为，为大气污染防治献计献策。在生态环境部的统筹指导下，济南与京津冀及周边地区积极开展大气污染防治联防联控，共同实施攻坚行动，协同应对重污染天气，实现了区域空气质量的持续改善。

2. 从"破损山体"到"山体公园"

山，是济南不可多得的资源禀赋，是见证城市历史发展的记忆年轮，更是泉城济南的风骨。

古有"遥看齐州九点烟"描绘泉城青山入城、山城交融的地理景观风貌，"一城山色半城湖"道出济南山水相依、绿色满城的旖旎风光；今有老舍先生《济南的冬天》里形象传神的描述，诠释泉城济南在众山环抱中的钟灵毓秀、安静恬适。山已经融入市民日常生活之中，这在北方城市中并不多见。

长期以来，人们在经济发展过程中对山体资源过度利用和侵蚀开发，破坏了山体原有的自然生态环境，不仅产生众多破损山体，而且水土流失严重，存在地质灾害隐患，直接影响着城市景观风貌和市民生产生活环境。同时，随着城市的快速发展，城郊山体逐渐融入城市，原本连绵的群山被分割成一座座孤岛，城市发展与山体保护之间的矛盾日益凸显。

党的十八大以来，济南市委、市政府秉承绿色发展理念，创造性地将近郊山体打造成优质便利的市民休闲、健身、游憩的好去处，大力实施山体修复、绿化提升和山体公园建设行动，以新发展理念破解城市山体保护和利用难题。

为加快推进黄河流域生态保护和高质量发展，实现济南市"山泉湖河城"深度融合，同时构建"多层级、多类型、多节点、网络化"城市绿道系统，济南市提速、提质、提效，2021 年谋划实施大千佛山风景区绿道联通项目建设，结合场址现状，科学利用，因形就势，打造 98 千米绿道系统，实现了大千佛山各景区绿道贯通；2022 年，以奥体文博片区山体为轴线的"U"形游览观光绿道网格系统全部串联，总长度达 74.7 千米。

千佛山风景区绿道与奥体文博片区绿道之间受二环东路的阻隔，缺乏无缝连通的方式，现有的人车混行的方式既不安全又影响交通，因此需要一座连通桥来实现两山之间绿道的无缝连接，为市民提供舒畅安全的游览体验，也为两山的小动物们提供了一处迁徙通行的通道。2023 年 8 月竣工的佛慧山生态廊桥，秉承尊重自然、低碳环保、便民利民、人文与科技相结合的设

济南佛慧山生态廊桥正式对市民开放通行（图片由济南日报报业集团提供）

计理念，综合其功能、造型、材质、生态、审美等要素，贯通大千佛山－奥体文博片区两大绿道系统，两大绿道互联互通，为广大市民提供了更加便利、舒适的休闲、健身环境，对提升城市品质、改善人居环境起到重要作用。

截至 2023 年底，济南已建成 500 平方米以上公园 1241 个，其中建成山体公园 89 处，实施山体绿化提升 140 座，修建山林绿道 300 余千米。山体绿化提升和山体公园建设有效保护和修复了山体生态，改善和提升了城市景观风貌，进一步彰显了济南山水城市格局。

3. "泉城人喝泉水"

世界上有泉水的城市原本不多，而泉群之密集、水质之优、历史文化之厚且为一城百姓共同拥有的唯有济南。

济南古称"泺邑"，而"泺"正是趵突泉。画下《鹊华秋色图》的赵孟頫就曾在《趵突泉》一诗中写道："泺水发源天下无，平地涌出白玉壶。"济南与泉水相伴相生，泉对济南的意义，不言而喻。"到了济南府，进得城来，家家泉水，户户垂杨，比那江南风景，觉得更为有趣。"在《老残游记》中，刘鹗如此赞美济南的泉。

泉水是济南的根，是济南的魂，是济南最亮丽的城市名片。根据 2021 年 9 月发布的《济南市名泉名录》，全市有泉水 1209 处，名泉 950 处，济南成为名副其实的"千泉之城"。

叮咚的泉水，滋润了城市气质。泉水在一代代济南人的生活中流淌，取泉水泡茶、到泉边赏景是人们的惬意生活。泉水，是一份淡淡的乡愁，一抹老济南人不解的风情和一城烟火市井的韵味。泉水哺育了济南儿女，一代代泉城人，都从心底感恩泉水的滋养。

追溯老济南人吃水的历史，不难发现，老济南人吃水主要取用河水、井水，东西护城河一带是人们常年打水的地方，家家户户都用水缸蓄水。1934 年 4 月，济南市自来水筹备委员会正式成立。1934 年 12 月，济南市开始建设第一座水厂——趵突泉水厂。1936 年 8 月，济南市自来水股份有限公司正式成立，1936 年 12 月，趵突泉水厂正式供水。当时趵突泉水厂所供的就是泉水，供水范围仅为经纬片区。随后，济南陆续建成了二厂、三厂等六大水厂。1975 年以来，城市扩张速度加快，水的需求量大增，泉水水位告急，连趵突泉也时常停喷，池底长出一片片绿草。

为恢复和保持泉城特色，济南自来水公司调整采水布局，实行采外补内，1981 年起在东西两郊开辟新水源向市区供水，开始引用"客水"——黄河水。引入"客水"资源以保障民生发展对保护泉水起到了巨大成效。但是守着泉水却不能喝，一直是济南人的遗憾，对于能够再次喝上甘甜优质泉水更是望眼欲穿的渴盼。

随处可见的泉水赋予泉城独特的气质（图片由济南日报报业集团提供）

2002 年起，济南市启动生态补源工程，2005 年，济南市出台《济南市名泉保护条例》，明确了济南市名泉的规划管理、保护管理、监督检查以及相关法律责任。2014 年 10 月，五库连通工程启动，打通了卧虎山、锦绣川、兴隆、浆水泉、孟家 5 座水库之间的通道，有力缓解了城区河道水库有河无水，季节性断流的困局，支撑了域内泉水持续喷涌。

2018 年，济南市政府提出开展泉水直饮工程试点工作，让泉水又重新涌入"寻常百姓家"，拧开水龙头，都能喝上心仪的甘甜泉水。2021 年，济南市政府正式出台了《济南市市民泉水直饮工程实施方案》，泉水直饮工程自此渐渐步入济南人的视野。2022 年 5 月，《济南市市民泉水直饮规划（2021—2025）》（简称《规划》）正式印发，根据《规划》，济南将加强泉水开发利用，推广泉水直饮工程，着力解决民生水务问题。计划到 2025 年底，市民泉水直饮工程服务规模将达 35 万户 100 万人。

龙头虽小，但意义很大。泉城人喝上泉水，也是济南城市功能和品质提升的体现。近年来，坚持保护与开发、节约与集约并重，济南市打造绿色生态、布局合理、百姓乐享的河湖水生态环境，泉水直饮工程顺利推进，已建成 66 处市民泉水直饮工程，惠及 20 万泉城市民。

当前，泉水直饮工程建设具备了有力的政策支撑和配套保障，进入蓬勃发展的阶段。根据新修订的《济南市名泉保护条例》，济南市不断加强对泉水补给区的保护，在泉水补给区逐步实施生态修复工程，通过"拦、蓄、滞、渗、补"的措施，提高雨水入渗能力，增加泉水补给量。同时，将采取更加科学精准的综合措施，力保泉水持续喷涌；加强泉水自然文化遗产保护工作，持续做好泉水遗产要素点修复及周边环境整治提升等工作。

充分利用优质泉水资源，济南市更好发挥泉水的经济效益和社会效益，为市民提供具有泉城特色供水服务，让更多市民享受优质泉水带来的福利，实现"泉城人喝泉水"的夙愿。预计到"十四五"末，将有 100 万济南人能在家喝上泉水，2035 年这一数量将达到 200 万人。

（二）结语

党的二十大报告指出，从现在起，中国共产党的中心任务就是团结带领全国各族人民全面建成社会主义现代化强国、实现第二个百年奋斗目标，以中国式现代化全面推进中华民族伟大复兴。而中国式现代化的一个重要特征就是人与自然和谐共生。人与自然是生命共同体，无止境地向自然索取甚至破坏自然必然会遭到大自然的报复。不断推进生态文明建设，正是促进人与自然和谐共生的现实途径。

未来，美丽泉城将如何继续书写生态新篇章，实现"美"的发展目标？这需要我们抢抓黄河流域生态保护和高质量发展重大国家战略机遇，继续牢固树立和践行"绿水青山就是金山银山"的理念，不断加快发展方式绿色转型，在促进人与自然和谐共生上先行一步。需要我们坚持精准治污、科学治污、依法治污，持续深入打好蓝天、碧水、净土保卫战。需要我们协同推进降碳、减污、扩绿、增长，加快推动产业结构、能源结构、交通运输结构等调整优化。实施全面节约战略，推进各类资源节约集约利用，倡导绿色消费，推动形成绿色低碳的生产方式和生活方式。

听得见泉水叮咚，看得见一城山色，是济南人对美好生活的持续期待。让我们都行动起来，践行绿色低碳理念，用实际行动让济南的天更蓝、山更绿、水更清、空气更清新，让更多的人可以在济南的绿水青山中体会到自然之美、生命之美、生活之美！

三、寻找"最优解"，
　　绿色低碳进阶之路

近几年，有一个词被广泛地应用在各个领域，那就是"绿色低碳"。生产目标包含绿色低碳，生活方式提倡绿色低碳。那究竟什么是绿色低碳？

绿色是大自然的底色，生态环境关乎民族未来、百姓福祉；绿色也是中国发展的新动能。低碳则是指较低（更低）的温室气体排放。绿色低碳指向的是以降低二氧化碳等温室气体排放为主要目标，以减少对大气的污染、减缓生态恶化为长远目标，以生态文明和经济发展相辅相成为最终目标，推动实现更高质量、更有效率、更加公平、更可持续、更为安全的发展，走出一条生产发展、生活富裕、生态良好的文明发展道路，最终实现美丽中国建设。

高质量发展是全面建设社会主义现代化国家的首要任务，推动经济社会发展绿色化、低碳化是实现高质量发展的关键环节。党的二十大报告提出，"必须牢固树立和践行绿水青山就是金山银山的理念，站在人与自然和谐共生的高度谋划发展"。这是立足我国进入全面建设社会主义现代化国家、实现第二个百年奋斗目标的新发展阶段，对谋划经济社会发展提出的新要求。2020 年 9 月 22 日，国家主席习近平在第七十五届联合国大会一般性辩论上发表重要讲话，郑重提出"中国将提高国家自主贡献力度，采取更加有力的政策和措施，二氧化碳排放力争于 2030 年前达到峰值，努力争取 2060 年前实现碳中和"。这就是"碳达峰碳中和"目标，简称"双碳"目标。

绿色低碳相对碳中和来讲，是一个阶段性的目标，而绿色低碳的实现方式与时间，决定了碳达峰碳中和的难度与时长。特别是在"双碳"目标限定了实现时间的前提下，能否又快又好地形成绿色低碳生产生活方式，决定了碳达峰碳中和能否平稳高效地实现、对社会各方面的负面影响能否降到最低。

"双碳"目标一经提出，迅速引起了社会各界的高度重视，生产生活方式开始向着绿色低碳转变：在生产中，要构建安全清洁、低碳高效、可持续的能源体系，要实现能源利用最大化，要优先节能提效、加快提升非化石能源占比，以实现碳中和；在生活里，要绿色出行、节水节电、购买低碳产品，以实现碳中和。

山东省是中国工业体系最齐全的省份，山东工业最大的特点是基础工业强，山东本身就是资源矿产大省，工业原料产业全国第一，传统制造业也有很强的实力。但同时，这也意味着，山东在绿色低碳转型方面困难重重。2022 年 8 月，国务院印发《关于支持山东深化新旧动能转换推动绿色低碳高质量发展的意见》，这是党中央提出"双碳"战略以来，第一个以绿色低碳高质量发展为主题的区域战略，为山东在深化新旧动能转换基础上，加快推动绿色低碳高质量发展提出了更加具体的要求。12 月 18 日，山东省印发《山东省碳达峰实施方案》，随后印发《山东省建设绿色低碳高质量发展先行区三年行动计划（2023—2025年）》。济南市迅速作出反应，2023 年 1 月制定《济南市深化新旧动能转换推动绿色低碳高质量发展三年行动计划（2023—2025 年）》，提出未来三年济南市深化新旧动能转换、推动绿色低碳高质量发展的重点任务，努力在十个领域"先行一步"。同年 6 月，济南市印发《济南市碳达峰工作方案》。一系列规划措施的制定实施为济南实现绿色低碳转型奠定良好的制度基础。

济南作为山东省的省会城市，被山东省赋予新旧动能转换先行先试的历史使命，肩负着转型排头兵、领头羊的重担。济南是如何在重重压力之下寻找

"最优解"的呢？又走出了怎样的绿色低碳进阶之路？

（一）从"寻求外援"到"自力更生"

1. "外热入济"，缓解燃眉之急

作为一个北方城市，冬季供热对城市发展和居民生活至关重要。以往，不管是集中供暖地区还是农村等非集中供暖地区，取暖依靠的都是燃烧煤炭加热的方式。煤炭的大量燃烧使用，增加了一氧化碳中毒等危险和二氧化碳的排放量，为了提升百姓的获得感和幸福感，响应国家绿色低碳的要求，济南积极探索"绿色"清洁取暖新方式。截至2020年年末，全市供热管道总长度达1.05万千米，集中供热面积达2.8亿平方米。居民清洁取暖工作顺利推进，按照"先立后破"原则，在确保电力、热力接续供应前提下，有序推进低效小煤电机组关停并转，优化电力结构，提高煤炭利用效率，累计完成煤改电21.26万户，煤改气58.36万户。然而，当前济南正处于城市建设高速发展期，现有热源严重不足，目前新能源技术还不完善，不能很好地给予补充，济南2021年供热缺口已达6000万平方米，无法满足用热需求，供需矛盾突出，且供热缺口持续增加，严重制约城市发展及居民生活。作为大气传输通道城市，济南既要节能减排，不断淘汰燃煤机组；又要保障供热，确保市民温暖过冬。环保、供热两大民生问题，如何统筹兼顾？

党的二十大报告指出，推动绿色发展、促进人与自然和谐共生，要立足我国能源资源禀赋，坚持先立后破。在能源供应方面，"立"指的就是发展使用清洁能源和可再生能源，"破"指的是将现有的化石能源消费结构逐渐向绿色低碳转型。在这一大背景下，如何在保障能源供应的硬性要求下实现绿色低碳转型发展，就成了济南市党委、政府工作的重要内容。

　　为了解决这一问题，济南市开始考虑"外热入济"，缓解燃眉之急。"外热入济"在形式上类似西电东输、西气东输、南水北调，它并不是与其他地市抢夺资源，而是发挥其他地市的能源富足优势，充分利用余热废热。对输出地来说，能够有效避免能源资源的消耗浪费；对济南来说，能够减少现有煤炭的使用，实现清洁取暖、减少空气污染、降低二氧化碳排放量，特别是对农村地区的居民来说，屋里、院子里没有呛人的烟灰了，再也不用起夜添煤拢火了，生活质量和空气质量都有了明显改善，既保了蓝天，也保了温暖。"外热入济"不仅是大气污染防治的重要任务，也是千家万户的民生工程。

　　早在 2015 年供暖季，济南已实现将全长 38.3 千米的章丘余热长输管网"西送"至东部城区。2017 年，济南开始设计向外地"借暖"，计划利用聊城信发、邹平魏桥两个集团的余（废）热资源为济南供热。2022 年，济南在确保能源安全保供的前提下，积极谋划发展清洁能源和可再生能源，能源结构持续优化。通过加快推进天然气重点项目建设、加快推进陇电入鲁、大力发展可再生能源等措施，保障能源供应、优化能源结构，完成 2.78 万户清洁取暖改造任务。2023 年，石热入济项目超前完工，为当年城区供暖增加 3500万平方米供热能力。虽然该工程一次性投入不菲，但长期受益，对石横和济南是双赢：石横生产的余热得以利用，并且还变成有价值的商品，能带来经济效益，即使未来扩大生产规模、余热增多，济南这样的特大城市也能消化；对于济南，减少了化石燃料的燃烧、降低了经济成本，更重要的是群众的供暖得到保障，生活幸福指数提高。济南市 2024 年政府工作报告提出十二个方面的重点工作，其中一方面就是"大力提高城市建设管理水平，全面提升省会功能品质"。报告强调，要加快构建"一网多源"供热格局，推进"聊热入济"等重点工程，加速燃煤锅炉替代，全市新增供热面积 400 万平方米。下一步，"聊热入济"完工之后，济南将于 2025 年采暖季形成供热能力 7000 万平方米，可替代主城区"十四五"关停并转燃煤热电厂，实现全域内供热管网互联互通。有了"外援",济南的绿色清洁供暖供热将更有底气,实现绿色低碳发展的目标更近一步。

2. 整治"小散乱污",由"黑"到"清"的嬗变之路

在济南,有一条河对逐水而生、枕水而居的济南人来说意义重大,那就是小清河,她见证了济南的诞生和繁荣,也承载着泉城人的回忆和梦想。多年来,由于经济社会的发展、工业化城镇化步伐的加快、城市规模和人口不断扩大等

夕阳下美丽的小清河（图片由济南市摄影家协会提供）

因素的影响，小清河作为济南市城区唯一的纳污和行洪河道，水质逐步恶化，曾一度变为小"黑"河。

党的十八大以来，在习近平生态文明思想指引下，尤其自 2017 年中央环保督察以来，小清河由黑变清的蝶变步伐骤然加快，2019 年小清河终于迎来她的"高光时刻"：实现了济南市一年之内提升三个水质类别的历史性突破，提前一年完成山东省与济南市签订的目标责任书任务，"济南市小清河水质改善"被评为"2019 年度山东省生态环保十大事件"之一，得到省委、省政府

及广大人民群众的高度认可。小清河彻底告别了劣Ⅴ类水体，成为名副其实的小"清"河。

随着水生态环境的持续改善，小清河流域济南段水生生物多样性水平整体稳步上升，中华花鳅、花滑鱼、中华鳑鲏等本土鱼类物种种群迅速恢复。数据显示，小清河流域济南段浮游植物生物多样性指数由2016年的1.26，增长至2021年的2.23。总生物物种丰富度显著提高，水生生物由2016年的73种增加到2021年的230种。清洁水体指示物种占比从2016年的40%提高到2021年的66.2%。如今，从小清河源头顺流而下，一路绿荫夹岸，一路清水扬波。

这一蝶变背后，是济南刮骨疗毒的治水决心和雷霆万钧的治污手段，凝聚着全市人民无数的辛劳汗水，让梦想真正照进了现实。在济南市委、市政府的引领下，在各单位、各部门、各区县的通力合作下，形成上下联动、左右协调、齐抓共管的工作模式，通过"精准治污补短板、源头防治减污染"的方式，使得小清河由黑变清的步伐全面提速。

小清河水质不断提升（图片由济南日报报业集团提供）

　　加强城镇生活污染源防治、加强工业污染防治、加强农业面源污染防治、加强水生态环境修复等一系列举措，不仅解决了小清河变黑的问题，还改善了城市水环境、修复了城市水生态，为小清河实现长治久清提供了可能。其中，在加强工业污染防治方面，从严审批高耗水、高污染建设项目，对造纸、焦化、印染行业实行减量置换。全面深化供给侧结构性改革，对过剩产能企业和"两高一低"企业坚决关停，累计完成济钢集团、裕兴化工厂等66家工业企业关停搬迁，取缔非法"散乱污"企业7190家，济南二机床集团有限公司等8家小清河流域涉水企业转型为绿色工厂，实现了从源头上减少工业污染排放，还济南市民以绿水青山。

　　小清河三十多年的治污史，改变了济南的水环境，重塑了济南的水生态，初步形成"有河有水，有鱼有草，人水和谐"的"山泉湖河城"一体融合的生态风貌，打造了北方城市内河治污的典型范例，为济南市和下游地区高质量发展释放了巨大的环境容量、提高了环境承载力。小清河逐步发展成为集旅游、教学、居住、创业等为一体的复合化、集约化的城市发展新载体，成为促进济南全域乃至整个环渤海经济圈高质量发展新的经济增长点。

鹊华楼的云海梦境（图片由济南日报报业集团提供）

与此同时，小清河水质提升及沿岸风貌的再造，串联起"鹊华秋色""齐烟九点"等历史文化风貌再现，连接了泰山文化、黄河文化，为构建起"一山一水一圣人"的文化格局提供支撑，彰显了独具地域特色的民俗风情，环境效益、经济效益、社会文化效益显著提升。

小清河治理只是济南整治"小散乱污"企业的一个缩影。"小散乱污"企业包含以下几类企业：

小：规模小，多数是家庭作坊式企业或者个体工商户。

散：不符合当地产业布局规划，没有进驻工业园区的规模以下企业。

乱：不符合产业政策的企业，应办而未办理相关审批手续的企业，存在于居民集中区的企业、工业摊点、工业小作坊。

污：无污染防治设施或污染防治设施不完备、不能对产生的污染物进行有效收集、无组织排放严重的企业，污染防治设施不具备达标排放能力的企业，没有治理价值的企业，不能实现稳定达标排放的企业。

由此可见，"小散乱污"企业本身就是违法违规的，它们要么已存在很多年，正逐步接受淘汰，要么藏在民房里面悄悄生产，但它们对环境的危害却不可小觑。例如，涉气超标排"污"企业与涉水超标排"污"企业，这类企业无任何的污染处理设备，产生的污染物直接排放到大气或者河流中，对周边环境造成严重污染。因此，"小散乱污"企业清理取缔工作是优化经济结构、推进市场公平竞争、改善环境空气质量的重要手段。济南坚持问题导向，通过"两断三清"措施，即断水、断电，清除原料、清除设备、清除产品，全力推进"小散乱污"企业清理整治。

列出清单、逐一整治。公开"小散乱污"企业及取缔责任人名单，实行动态更新和台账管理。各区县开展拉网式全面排查，对已经核实的量大面广"小散乱污"企业，本着"先停后治"原则，区别情况分类处置。对"小散乱污"企业集群实行整体停产整治，制定总体整改方案并向社会公开，按照统一标准、统一时间表的要求，同步推进区域环境综合整治与企业升级改造。未达到总体整改要求，出现普遍性违法排污或区域环境综合整治不到位的，实行挂牌督办，限期整改。

强化督查、传导压力。市级领导带队，采取"不打招呼、直奔现场"的方式开展专项突击检查，层层传导压力。

分类整治、借力转型。按照可持续发展和清洁生产要求，全面提升改造污染治理设施，达到环保要求。济南市在"小散乱污"企业整治工作中，坚持区别情况分类处置，列入淘汰类的，一律限期依法依规关停取缔，做到"两断三清"；列入升级改造的企业，按照可持续发展和清洁生产要求，对污染治理设施全面提升改造，达到环保要求，实现做大、做优、做强。

近年来，济南加大重点行业结构调整和污染治理力度，持续推进工业炉窑整治"回头看"，实施"小散乱污"企业动态清零，济南市生态环境质量取得明显改善，人民群众蓝天白云、清水绿岸的获得感不断增强，生态济南建设迈出重要步伐。

3. 设立"大气环境模拟系统"科学装置，致力碳达峰碳中和

2022 年 8 月 26 日，包括多位中国科学院院士、中国工程院院士在内的专家来到济南，共同见证我国环境领域唯一的国家级基础科学中心——"大气霾化学"基础科学中心启动，同时开工建设"大气环境模拟系统"科学装置。这将是世界上最先进、功能最全、体积最大的大气环境模拟平台。

"大气霾化学"基础科学中心项目，聚焦环境化学领域国际前沿，围绕细颗粒物和臭氧协同控制的迫切科技需求，建立霾化学理论，支撑发展中国家大气复合污染的精准控制，引领环境化学学科发展。

"大气环境模拟系统"不是我国首创，以欧美为代表的发达国家已建成多个模拟舱，但受气象条件、污染物组成及污染水平的影响，国外大气化学机制和

健康风险评估的研究成果并不能客观反映我国大气污染状况下的二次污染形成机制，也不能为我国区域大气污染控制和决策提供可靠科学依据和有效方法。国际上近10年来建设的模拟舱体积在不断增加，目前大型模拟舱是我国大气科学学科发展的瓶颈，而在济南建设的2个500立方米双子光化学模拟舱，是世界上最先进、体积最大的大气环境模拟装置，必将引领大气环境科学研究前沿，并为"大气霾化学"基础科学中心提供重要支撑。此外，"大气霾化学"基础科学中心，还会引领相关领域高端创新资源的聚集，将建设成为国际一流的科研平台，同时也将形成高水平人才技术交流和协同创新创业平台，对提升济南科技力量和促进济南经济发展发挥重要作用。

"大气环境模拟系统"科学装置的设立，不仅能为"大气霾化学"提供数据支持，还能为我国大气污染预测、诊断、控制决策及防治提供科技支撑。在全国上下积极稳妥推进碳达峰碳中和的当下，"大气环境模拟系统"科学装置及"大气霾化学"学科必将为济南的绿色低碳转型注入强大动力。

4. 绿色低碳循环发展，确保如期实现 2030 年前碳达峰目标

现如今，绿色低碳高质量发展已经逐渐成为全球发展趋势，以碳中和为目标的国际新竞争已经开启，在"双碳"目标实现的关键时刻，面对绿色低碳这一时代主题，济南提出"打造绿色低碳高质量发展示范"。

坚持把推动绿色低碳高质量发展作为总抓手，加快转变经济发展方式、优化经济结构、转换增长动力，创造更多标志性成果。

深入实施"十大创新"行动，协同推进新型工业化、信息化、城镇化、农业现代化，大力践行全面节约战略，有序实施碳达峰碳中和，推动基本公共服务均等化、普惠化、便捷化。

完善政策支持体系和工作推进机制，谋划实施一批绿色低碳高质量发展重大项目，推动部分区县、园区、企业开展绿色低碳高质量发展综合示范。

当下的济南，抢抓绿色低碳高质量发展先行区建设战略机遇，探索环境治理新模式，引导项目绿色发展，产业结构不断向绿色化、高端化、规模化迈进，经济社会发展全面绿色转型迈出坚实步伐，为全省建设绿色低碳高质量发展先行区作出了济南贡献。

济南坚持创新驱动、工业强市，着眼于新旧动能转换提档升级。工业经济支撑作用日益凸显，四大主导产业规模持续壮大，2023 年规模达到 1.6 万亿元，集成电路、新能源汽车等战略性新兴产业蓬勃发展，2022 年，"济南一号""泉城一号"成功发射，济南成为全国首个完成商业航天"通信、导航、遥感"卫星全面布局的城市；可再生能源发电装机容量达到 294.8 万千瓦，清洁能源发电量占比提高至 19.5%。2023 年，济南新旧动能转换起步区建设加力提速，比亚迪新能源汽车生产突破 24 万辆，爱旭太阳能电池项目成功落地；绿色低碳高质量发展重大项目由年初的 1301 个调增至 2413 个，产业项目提速强劲，省内首个"零碳工厂"主体完工，弗迪动力电池二期建成投产，邦德激光全球总部等项目开工建设，预计全年固定资产投资增长 2% 左右；数字济南建设取得突破性进展，跻身数字生态总指数全国十强；完成新一轮"四减四增"三年行动，获得国家低碳城市试点评估优良等次，明水经济技术开发区获批国家级绿色工业园区；全市新能源汽车保有量达到 16.9 万辆，获批全国首批公共领域车辆全面电动化先行区试点城市。

未来，济南将立足于自身发展情况与资源能源禀赋，继续推动绿色低碳循环发展。"十四五"期间，济南市能源结构绿色转型和产业结构优化升级将取得明显进展，重点行业能源利用效率大幅提升，合理控制煤炭消费，新能源占比逐渐提高的新型电力系统加快构建，绿色低碳循环发展的经济体系初步形成。到 2025 年，非化石能源消费比重提高至 7%，单位地区生产总值能源消耗比 2020 年降低 14.8%，完成省下达单位地区生产总值二氧化碳排放目标任务，为全市碳达峰奠定坚实基础。

"十五五"期间，城市绿色低碳、安全高效、多元互补的现代能源体系将初步建立，产业绿色低碳循环发展模式基本形成，重点耗能行业能源利用效率达到国内先进水平，非化石能源消费比重进一步提高，经济社会全面绿色低碳转型取得明显成效。到2030年，非化石能源消费占比达到12%以上，单位地区生产总值二氧化碳排放量比2005年下降68%以上，确保如期实现2030年前碳达峰目标。

（二）结语

中国式现代化是人与自然和谐共生的现代化，中国式现代化的本质要求之一是促进人与自然和谐共生，因此相应地，到2035年，我国发展的总体目标就包括广泛形成绿色生产生活方式，碳排放达峰后稳中有降，生态环境根本好转，美丽中国目标基本实现。

习近平总书记深刻指出，"实现'双碳'目标，不是别人让我们做，而是我们自己必须要做"。首先，碳达峰碳中和的要求缘起于环境问题，所以，走绿色低碳转型发展的道路必须解决环境问题，缩小人民对蓝天绿水净土的向往与现实之间的差距，助推可持续发展。其次，碳达峰碳中和不仅仅是环境领域的问题，更是发展模式的问题，关系着中国能否在世界百年未有之大变局中屹立不倒，关系着中国能否在新一轮的能源革命中抓住机遇、争取发展权、参与重建交易新规则，关系着中国即使没有外部压力时是否能够依然走生态文明建设和高质量发展的道路。

站在机遇与挑战并存的今天，济南深入推进生态文明建设，以正确的策略和方法统筹推进高水平保护和高质量发展，正确处理高质量发展和高水平保护的关系、重点攻坚和协同治理的关系、自然恢复和人工修复的关系、外部约束和内生动力的关系、"双碳"承诺和自主行动的关系，努力让生态文明建设成果惠及全体人民，以高品质生态环境支撑高质量发展，促进经济社会发展全面绿色转型。

作为新征程上踔厉奋发的城市缩影，济南将依然保持昂扬的斗志，赓续前行，奋楫争先，不断寻找人与自然和谐共生实践的"最优解"，走出一条绿色低碳的进阶之路。

第五章

向着人民
对美好生活的向往拾级而上

　　济南，是一座有着悠久历史文化的古城，也是一座极富生活气息、奋斗气质的宜居宜业之城。"在济南，美好生活"一直是泉城最厚重的底色、最优雅的气质和最亮丽的风景。

　　习近平总书记指出，"中国式现代化是物质文明和精神文明相协调的现代化"。随着经济社会的不断发展，如何实现经济社会更高质量的发展，有效提升济南市的亲和力、凝聚力、吸引力，进一步擦亮泉城"以人民为中心"的文明底色，提升城市美誉度、知名度，实现物质文明与精神文明共同进步，为新时代社会主义现代化强省会建设注入强大动力，一直是千百万济南人孜孜以求的梦想。如今，这个梦想近在眼前。

　　人民对美好生活的向往，作为党和国家的奋斗目标已经写入"国之大者"。围绕这一目标，济南在社会治理、城市更新、乡村建设等领域展开了一场全方位探索。通过精细化和人性化的社会治理，让本地的居民或者经过的"路人"，都能感受到服务的高效、社会的安全和人心的温暖；以"有机更新"传承历史文脉，做好老城保护性更新，心系民生诉求，重整新城规划，促进片区蝶变，交出棚改攻坚的"济南答卷"；以组织振兴为先手，充分发掘乡村发展优势，发挥农民主体作用，健全发展的长效机制，矢力打造"乡村振兴齐鲁样板"。

　　建设人民满意城市，这一城市实践充分体现了以人民为中心的发展思想。这一思想贯穿济南市从决策到执行的方方面面，落脚为每一个济南人的幸福体验。在未来的发展中，济南市将继续深化以人民为中心的发展理念，实现经济、社会和环境的可持续发展。这不仅有利于提升市民生活质量，也将为省会城市的长远发展奠定坚实基础。

一、城市恒温，市民更有获得感

2017年以来，随着济南"北跨"战略的深入实施，济南从"大明湖时代"逐步跨入"黄河时代"。2019年，原莱芜市并入济南，由此，济南正式进入"万亿俱乐部"，2022年济南市实有人口突破1000万，成为特大城市。近年来，济南市的城市体量迅速升级并加大，如何治理一个特大城市，怎样改善环境，如何回应群众关切成为一系列的新课题。

（一）精细化和人性化：社会治理让市民倍感安全和温暖

1. 精细化治理助推迈入特大城市

（1）"商量"让基层治理更精细

社会治理是国家治理的重要组成部分，社会治理的重心在基层，社会治理的难点也在基层。基层协商正在治理中发挥着越来越显著的功能，成为老百姓各种大事小情的重要诉求渠道。

"当时这个路口车辆停得满满的，人走着都很难通过，电动车更是过不去。"提起2019年上半年小区周边车辆违停问题，绿地国际花都小区居民高玉芳面露难色。彼时，小区周边的一条断头路混乱地停满四排车辆，外面的车辆进不去，里面的车辆出不来，小区车库更是被堵得水泄不通，每年因此产生的12345市民服务热线转办件近700个。

2019年5月，槐荫区政协联合槐荫交警展开了"商量"，组织政协委员、有关部门负责人和群众代表进行了多次现场调研和交流研讨，并先后同开发商、物业召开3次专题会议，最终达成共识。此次"商量"过后，开发商主动增加300个由售改租的地下车位，同时相关部门增设500余个道路泊位。经过合力整治，小区内通行、停车秩序井然，交通事故明显下降。

2017年，济南市政协探索创建"商量"平台，随着"商量"的扎实有效开展，"商量"触角延伸至每个区县、街镇乃至社区，成为助推解决基层社会治理痛点难点堵点问题的有效平台。"商量"助推解决绿地国际花都小区停车问题的案例并非个例。历下区解放路街道东舍坊小区由来已久的物业、业委会和居民之间矛盾就是通过"商量"得以有效解决；平安街道韩庄村多年来的"出嫁女是否享受村集体经济组织成员待遇"问题也是通过"商量"平台得到有效解决……"商"以凝心，"量"出实效，"商量"让群众获得感、幸福感、安全感更加充实、更有保障、更可持续。

（2）"网格"助力基层治理出实效

2022年，济南第四次夺得全国文明城市桂冠。在这里，网格化治理有效打通了城市治理的"神经末梢"。

在历下区燕山街道社会工作服务

"码上商量"让居民反映问题、反馈信息更方便（图片由济南日报报业集团提供）

站的电子地图上，每个常住人口都有精准的数据"画像"，每栋房子都用不同颜色清晰地标注了"自住、出租、群租、闲置"等状态。辖区内的独居老人、特殊病患家庭及社区矫正人员信息，网格员全面掌握，并担起为居民排忧解难的重任……全网格化管理让人们目光所及之处的隐患无所遁形。

历下区燕山街道只是济南网格化治理的一个缩影。近年来，济南市推动社会治理重心向基层下移，把更多资源、服务、管理放到社区，更好地为社区居民提供精准化、精细化服务。济南制定网格化服务管理规范，对 2 万个基层管理网格"增编赋权"，将创城任务纳入 4.2 万名网格员工作清单，建立信息联采、隐患联治、治安联巡、纠纷联调运作机制。以党建为统领、以网格化管理为抓手、以基层基础建设为支撑，建立街道综治网格中心 - 社区网格服务中心 - 网格工作室网格运行体系，建立以网格员为主体，楼院长、退役军人公益岗、志愿者为支撑的"四位一体"网格员力量体系，建立"人在网中走，事在格中办"的运行机制，网格员每天在各自网格内巡查，第一时间接手处理网格内问题，及时通过手持终端设备上报，确保小矛盾不出网格、复杂矛盾能在第一时间上报至有关科室或部门并协商解决。

城乡社区是疫情防控的第一线，也是最有效的防线。济南市把网格化管理的工作优势转化为疫情防控的现实战斗力，做实做细城乡社区网格精确化摸排、精细化治理、精准化服务。网格员发挥人熟、地熟、事熟的优势，当好防疫排查员，全面采集网格内重点地区人员、车辆，以及发热病人情况信息，动态掌握重点人员家庭信息、就诊情况、活动轨迹等信息，不漏一户、不漏一人。

新冠疫情期间，高效网格化治理成为济南市成功应对一波又一波疫情冲击的"法宝"。

（3）"大城细管、古城新治"

盛夏时节，西瓜上市。每逢此时，城区主干路两旁总不乏瓜贩摆摊兜售或驻车叫卖，为城市执法工作带来难题：禁卖则瓜贩叫屈、群众不便；不管则影响秩序、阻碍交通。怎么办?

2010 年,济南城管面向市民发布第一张"西瓜地图",结合城市区位确定售瓜点。从而通过固定摊位、固定摊贩,让群众放心采购,实现有序管理,得到各方认可。有瓜商表示,过去卖瓜就像"打游击",一天要换几个地方。现在定了地方,还免收卫生费,心里踏实。一张地图温暖了瓜农的心,更温暖了一座城。

济南市西瓜地图(图片由济南市城市管理局提供)

用好一张图,管好一座城。"地图思维"拓展为济南城市治理的工作思路。随后,他们将道路、公厕、垃圾处理厂、垃圾转运站、基层执法中队、基层环卫所、液位监测、化粪池楼栋等 13 项点多面广、容易疏漏的民生问题搬上地图并逐一标记。群众看得清楚,政府管得明白,从而实现挂图指挥、插旗作战,做到靶向治理、"绣花"管控。

2021年，济南又用这13张图搭建智慧城管数字平台，通过业务受理、无线采集、协同办公、综合评价、监督指挥、地理编码、基础数据、应用维护、数据共享9个子系统，做到一网统筹、部门联动，实现"协同共管、治理有效"目标。

智慧城管数字平台由1个市级中心、15个区（县）中心和159个街道（乡镇）站点组成。发现问题可直接与国家、省级相关部门对接，同步与住建、工信、交警、交通等26个市直部门联网，向162个区直单位派单，以国家、省、市、区、街、居六级联通，于全省率先实现数字城管全域覆盖。有了这套"底图"作保障，济南治理重心下沉，探索"1+1+N"路长制工作体系，即每名路长依靠一个数字化城管平台，协调若干部门，通过"路长吹哨、部门报到"工作方式，破解网格末梢治理"视而不见""见而不办""办而不好"等传统难题。

智慧城管，是智慧城市建设的缩影。推进"城市大脑"新型智慧城市建设，构建城市基础信息管理平台，拓展智慧应用，服务智慧社区，破解群众反映强烈的"城市病"，这是城市治理当下探索中最具有"技术潜质"的路径，它可以通过数字化"城市体检"让广大市民生活更方便、更舒心、更美好。

2. 大爱泉城，城市软实力激活文明新动能

2023年春节刚过，"济南交警救助断掌女子"的新闻就冲上了微博热搜榜。

"到了市区你只管踩油门，剩下的交给我们。"

2023年2月11日上午，济南交警指挥中心接到一个求助电话："我们对济南的路况不熟，请帮我们带路。"据了解，需要带路的这辆车从菏泽来，车上的病人50多岁，手掌断裂，需要到山东省立医院手术。济南交警接到求助电话后立刻将警情告知高架路大队。济南交警高架路大队三中队队长赵辉带领3名铁骑警力提前到市中收费站接应患者。接上患者后，铁骑警力迅速行动为其所乘车辆开道，并由专人开设直播提醒市民避让。由于沿途路况复杂，铁骑们一边拉响警

笛，一边用喊话器提醒其他车辆避让。最后他们仅用 13 分钟就将伤者送至医院。

山东人素以仗义厚道著称，这种救人于危难的事迹在泉城可谓比比皆是。济南"超人"许亮徒手爬窗救人的事迹引起社会广泛关注，央视多档新闻节目对其进行了重点报道。

2023 年 7 月 13 日，济南一小区二层居民家中起火，现场冒出滚滚浓烟，火势十分猛烈。一个女孩跨坐在窗户上大哭，不知所措。就在这万分危急的时刻，路过这里的许亮挺身而出，徒手爬到二楼，在消防员的帮助下将小女孩安全救下。

凡人的善举和义行彰显的是济南这座温暖之城的良知，传播着爱与美的正能量。他们的善行义举是这座城市的荣耀。凡人善举需要点赞，更需要学习。积小善为大善，积小德为大德。在这里，有一群好人托起了城市文明的高度，他们让泉城充满了爱、充满了善、充满了正气。他们的精神动力内化到每个济

泉城义工赴湘西扶贫志愿服务团出征（图片由济南日报报业集团提供）

南人的一言一行中，让这座城市充满大爱与温暖。

这座城市充盈的爱意与温暖，既是身处孔孟之乡、文化名城千年濡养的结果，更是多年来孜孜不倦、持续践行"文明城市"创建的必然成果。

泉城义工，2005 年 8 月诞生于山东济南，截至 2023 年，已从最初的 146 人发展成为 30 万人的志愿服务集体。2006 年，泉城义工被授予"中国十大杰出青年志愿服务集体"荣誉称号；2011 年 12 月，被中央文明办评为"全国优秀志愿服务组织"，并入选中宣部《宣传思想文化工作案例选编》；2016 年在"四个100"先进典型评选中，荣获"全国最佳志愿服务组织"称号。

习近平总书记指出，中国式现代化是物质文明和精神文明相协调的现代化。作为一座有着悠久历史文化的古城，素有"山水文明城市"之称的济南，文明，一直是它最厚重的底色、最优雅的气质、最亮丽的名片。

全国文明城市年度测评四次入选、政务环境排名全国第五、"东亚文化之都"、"中国十大美好生活城市"、"全国最安全城市"……这一系列骄人成绩的背后，是这座国家历史文化名城强势崛起的扎实足印。

随着经济社会的不断进步，如何实现更高质量发展，从城市文明的层面有效提升社会亲和力、市民凝聚力、城市吸引力，进一步擦亮泉城文明底色，充分利用雄厚的文化资源底蕴，提升城市美誉度、知名度，实现物质文明与精神文明共同进步，为"强新优富美高"新时代社会主义现代化强省会建设注入强大动力，成为摆在千万济南人面前的一个课题。

围绕这一目标，济南正在探索独一无二的文明城市创建路径——以城市软实力提升全面激活城市文明新动能。

向着"美美与共"的温暖之城，济南市培根铸魂，不断深化拓展新时代文明实践中心建设，常态化开展新时代文明实践活动，建立起一大批受欢迎、叫得响、影响深的文明实践品牌，打通服务群众的"最后一公里"，倾心书写出一份新时代文明实践的生动答卷。

3. 温暖民生，稳稳托住百姓的幸福

悠悠万事，民生为大。社会保障是保障和改善民生、维护社会公平、增进人民福祉的基本制度措施，是促进经济社会发展、实现广大人民群众共享改革发展成果的重要制度安排，发挥着民生保障安全网、收入分配调节器、经济运行减震器的作用。

党的十八大以来，济南加快发展、着力提升城市综合实力的同时，持续发力增进百姓福祉、多措并举做好民生文章，以一系列重大政策举措惠民生、纾民困、解民忧，使人民群众的获得感、幸福感、安全感更加充实、更有保障、更可持续。

（1）教育：教育均衡之路越走越踏实

5 条长 50 米的泳道，标准化更衣室、盥洗室……这座对标奥运训练场馆的游泳馆，是济南一座新建小学的"标配"。

"新建学校硬件设施的提升，意味着城市经济的迅速发展，也彰显了济南不惜代价办好教育的决心。"在济南市高新区金谷小学校长毕英春看来，资源，就应该放到距离学生最近的地方。围绕这座标准化泳池，学校专门推出了"泳池成长计划"，让孩子们在强身健体的同时培养兴趣，茁壮成长。

在教育方面，济南市新建改扩建中小学和幼儿园，增加学位，并力促教育公平和提高教学质量。通过推行集团化办学等措施，实现了教育资源的优化配置。这些措施使群众能够在家门口享受优质教育，提高了教育教学质量。

2017 年以来，济南在教育设施规划、实施、保障层面不断突破瓶颈，创新"五个卡口"，实现"五个同步"，打造形成了教育资源优化配置的齐鲁样板，得到中央教育工作领导小组的充分肯定，分管副省长批示全省推广。2012 年以来，济南市新建改扩建中小学校、幼儿园 1268 所，增加学位 58.7 万个，建设总量领跑全国，提前解决中小学校大班额问题，实现了群众"在家门口享受优质

教育"的愿望。2021年，济南市又高标准编制《济南市"十四五"教育事业发展规划》和《济南市2019—2030年中小学及幼儿园布局规划》，全市新规划公办及普惠性幼儿园1100余所、中小学校800余所。

中学现代化的基础设施（图片由山东省实验中学提供）

在大力推进基础教育设施建设、力促教育公平的同时，济南也从没放松过对教育质量的追求。市教育局全面推行了优质教育资源带动共享战略，"集团化办学""弹性学区""城乡联盟""跨学段学区化管理""名校托管"等办学体制在中心区域全面铺开，教育教学质量不断迈上新台阶。

（2）医疗：多措并举减轻百姓就医负担

在医疗方面，济南市采取了一系列措施提高基层医疗服务水平，包括开展家庭医生签约、药品零差价和医保制度的实施和完善等。这些措施使老百姓在家门口就能享受质优价廉的医疗卫生服务，减轻了医疗负担。

莱芜区茶业口镇峪门村曾经是"远近闻名"的省级贫困村。50 岁的陈传贞是峪门村人，他是一名拄着拐杖的残疾人，也是村里唯一的乡村医生。作为基层百姓的健康守门人，陈传贞担负着农村防疫、医疗、保健、公共卫生等工作。"最多一天出诊十几次，拄坏的拐杖自己也数不清。"

随着济南市家庭医生签约的推广开来，陈传贞不再"单打独斗"。他与卫生院的一名医生、一名护士、一名公卫医师组成"家庭医生团队"，让村民看病有了"医"靠。药品零差价、医保等制度的实施和完善，让老百姓在家门口就能享受质优价廉的医疗卫生服务。

2018 年 6 月，济南市在取消贫困人口居民基本医疗保险门诊规定病种起付标准的基础上，对 10 种长期服药慢性病患者实施免费服药帮扶。很多生活困难的市民再也不用因吃不起药而发愁。

病有所医，病有良医。近年来，济南市卫生健康事业发生了翻天覆地的变化。目前，全市各级医疗卫生机构总数达到 7530 个，每千人口拥有卫生技术人员的数量由 2012 年的 7.28 人提高到 2021 年的 11.61 人，增长 59.5%。其中，济南市拥有社区卫生服务中心 124 家、社区卫生服务站 261 家、镇卫生院 52 家、村卫生室 3769 家，已获评社区医院 52 家，居全省首位，初步构成济南市"十五分钟健康服务圈"。同时，整合 2500 支家庭医生全专结合团队，推动形成整合型慢病诊疗服务格局，让百姓在家门口就能享受便捷、高效的医疗健康服务。

（3）就业：筑牢民生第一保障

多年来，济南千方百计稳定和扩大就业，强化就业优先政策，鼓励创业带动灵活就业，完善重点群体就业支持体系，努力实现更加充分、更高质量的就业。

自从丈夫去世后，济南市长清区居民王莉不得不独自承担家庭的重担。2022 年 3 月，她听说政府有公益性岗位在招聘，还给缴保险，便去报了名。入职后，她负责处理 12345 市民服务热线关于疫情防控的相关工作。"这个工作挺好，很充实。离家近，也有时间照顾家庭。"

王莉生活的变化得益于济南市扎实推动城乡公益性岗位扩容提质行动。济南市全面摸准"岗位清单""人员清单"，因地制宜完成五大类型 150 余种岗位创设，目前开发上岗员工 28312 人，完成年度目标的 101.5%。新冠疫情防控期间，指导 1700 余名城乡公益性岗位人员参与街道（镇）、社区（村）的疫情防控工作。

围绕就业是第一民生，济南市建立健全配套政策扶持体系，全力以赴稳就业、保就业，就业形势持续保持稳定。全市累计城镇新增就业人员 181.8 万人；城镇登记失业率从 2012 年的 3.08% 下降到 2021 年的 2.06%；第三产业就业人数不断增加，逐步成为吸纳就业的主体，三产就业比重由 2007 年年末的 27.1∶31.9∶41 调整到 15.72∶31.33∶52.94，就业结构呈现向好变化趋势。

十年间，济南市建立了市级和 13 个区县人力资源市场，147 个街道（镇）建立了人力资源和社会保障服务中心，5229 个村居设立了公共就业服务网点和劳动保障协理员，形成了"横到边、纵到底"的四级公共就业服务平台，就业服务质量明显提升。

（4）养老：老有所养扎实推进

王新英老人是一名太极拳老师，从 2019 年开始在历下区燕山综合养老服务中心附近教学。初至此地，她被这里的长者助餐食堂深深吸引了。"有时候在这附近教学到很晚，不想做饭，就会打一份回家吃，这里的饭菜既便宜又可口。"王新英说。

老人的生活起居是儿女们最牵挂的事情，也是全社会关注的话题。为让老年人"食有所依"，济南市大力推进长者助餐站点建设，目前全市已建成城区助餐场所 497 处、农村助餐站点 1485 处，实现镇街全覆盖，"普惠＋优待"的长者助餐服务在泉城遍地开花，日均提供助餐服务 2 万余人次。

济南市通过加强养老设施建设为老年人提供更好的养老服务。全市已建成城区助餐场所和农村助餐站点，实现了镇街全覆盖。同时，济南市还改造提升敬老院、新建养老服务中心、城市社区日间照料中心和农村幸福院等养老设施，补齐了老旧小区的养老设施，全市养老设施总数达到 3350 处、总床位 7.2 万张。这些举措让老年人真正感受到了"泉城温度"。

（二）结语

习近平总书记指出："城市的核心是人，城市工作做得好不好，老百姓满意不满意、生活方便不方便，是重要评判标准。""抓城市工作，一定要抓住城市管理和服务这个重点，不断完善城市管理和服务，彻底改变粗放型管理方式，让人民群众在城市生活得更方便、更舒心、更美好。"全心全意为人民服务，为人民群众提供精细的城市管理和良好的公共服务，是城市工作的重点，不能见物不见人。

多年来，济南市在城市治理中始终全力以赴解决好人民群众急难愁盼问题，通过精细化、人性化、智能化的一系列具体措施，极大提升了特大城市的治理效能；"泉城义工"等一系列公益创新之举更是推动这座"好人之城""好客之城"温暖奔赴，向阳花开，极大提升了城市软实力；完善社会保障制度、扩大保障范围和提高待遇水平等措施，织密筑牢民生保障安全网，实现了"应保尽保"和"应兜尽兜"。所有城市治理举措和成就展示了济南市在关注民生、提高人民群众生活质量方面所作的努力，有效地保障了不同群体的基本生活和权益，促进社会和谐稳定，为实现"走在前"奠定了坚实基础，为建设温暖大城提供了济南样板。

二、城市更新，古老济南焕发"新生"

　　济南自建城以来就开始了自然有机的"新陈代谢"，每个历史阶段的建筑都雕刻着历史记忆，形成了独具特色的泉城文脉。改革开放后，以新区开发与旧城改造为内容的城市建设，快速改变着泉城面貌。济南现代意义上的城市更新实践比较早，2016 年至 2020 年即"十三五"时期，主要实施以棚改旧改为主的城市更新；2021 年以来，采用"留、改、拆"并举的方式推动城市更新，在体制机制建设、更新规划引领、政策措施保障等方面具备了较好的工作基础。2022 年 4 月，中国共产党济南市第十二次代表大会召开，提出了"今后五年内，新一轮城市更新全面完成"的目标，为加快"强新优富美高"新时代社会主义现代化强省会建设注入新动能。2022 年 12 月印发的《济南市城市更新专项规划（2021—2035 年）》明确了济南市在空间格局优化、历史文化保护、民生提升改善、产业转型升级、绿色低碳发展等五大方面的更新目标。目前，济南正有序推进城市更新，强健城市筋骨肉，鼓足城市精气神，扎实改善提升城乡面貌，努力满足人民群众对城市宜居生活的新期待。

（一）有机更新带来品质生活

　　加快城市基础设施建设，提升城市功能，助力产业升级，不断提高生活品质，推动经济社会高质量发展，需要具备"有机更新"思维。即通过综合考察、全面规划、统筹实施，进行不同主题的连片打造。在这方面，济南实施城市更新行动具有相当成熟的路径可供借鉴。

1. 保护更新带来传承发展

在济南市老城区的中心地带，有一片距今有 600 年历史的古城区。在老济南人眼中，它是个寻找儿时回忆的地方；在外地游客眼中，它是独具特色的老街；在学者眼中，它是一块历史与人文领域的瑰宝；在旅游专家眼中，它是一座亟待开发的富矿。刘鹗笔下的"家家泉水，户户垂杨，比那江南风景，觉得更为有趣"，写的就是这里。老舍先生在《济南的秋天》中描述，"上帝把夏天的艺术赐给瑞士，把春天的赐给西湖，秋和冬的全赐给济南"，赞美的也是这个区域。这就是明府城。

济南明府城是一片充满浓郁市井味道的老城区，成为现代人追忆故去时光

明府城街区景色（摄影　王琴）

的好去处。考古证明，明府城一带自明代固定下来，但城墙早在宋代甚至更早就存在。这里是汇聚济南泉水比较集中的地方，千百年来，祖祖辈辈的泉城人，依泉而生，伴泉而居，繁衍生息，泉水成为泉城人恒久不变的情结，形成独特的泉水文化。这里还有大量的文化遗存，譬如清代陈冕状元府、老城最早的天主教堂、全国最大的古戏楼题壁堂、丁宝桢修建的府城隍庙、府学文庙等，它们与代代相传的百年老宅老院一起，共同构成了充满浓郁历史文化味道和原生态市井生活气息的老城镜像。

明府城是济南独有的文化符号，是泉城特色风貌带的核心区域，是弥足珍贵、不可再生的财富，其整治改造对济南意义深远。历史建筑是一个城市的历史记忆，记录了城市发展过程，体现了城市特色。明府城里明清时期形成的40多条古街巷肌理基本保存完整，传统城市风貌格局遗存清晰，在国内其他历史名城中已不多见。然而，片区内现存大量居民危旧房与陈旧落后的建筑，使得古城片区的内外部环境已经与城市发展极不协调。如何改善当地居住条件和生活环境，如何将生产、经营、销售、互动、创新融于一体，如何让游客感受活化的历史，成为提升城市品质、促进城市全面协调可持续发展的必破之题。

古城像一个老古董，不能随便动，在改造的时候必须要慎之又慎。济南市在对明府城片区的提升改造方面，主要原则就是"留、改、拆"：留，就是保留具有保护价值的建筑、留下老城的格局和肌理、延续城市的历史文脉和特色风貌；改，就是改造市政和配套设施，有针对性地解决城市功能衰退问题；拆，就是拆除乱搭乱建的违法违章建筑，但如无必要，不会大规模、成片集中地拆除现有建筑。简言之，就是通过"微更新"让老建筑留住旧时光。修缮城隍庙和题壁堂，保护状元府、寿康楼等老建筑，引导历史建筑使用者在保护的同时合理利用文化资源；恢复青砖墙，铺出石板路，改造地下管线，修缮屋面门窗……细心的市民会发现，近年来明府城片区的不少老街老房在进行整治提升。与以往不同的是，明府城片区改造没有大拆大建，而是以"渐进式、微改造"

修缮过的老建筑（摄影　由伟）

的方式留下更多城市记忆。①正是由于《济南市历史文化名城保护条例》的出台，明府城片区的微更新便有章可循、有据可依。

明府城使济南拥有了与众不同的气质，如何让气质更优雅，还需要主动施治。明府城片区更新可以说是"师古而不泥古"，既沉淀下了让人想看、爱看、愿看、耐看的古韵味道，又契合了城市发展的新鲜气息。

作为明府城的重要组成部分，百花洲片区改造形成了特色街巷和泉水院落风貌，同时还形成了展示济南非遗文化的重要窗口。一片片平房中间，由泉水汇聚的溪流蜿蜒曲折，流过房前屋后、流入泉池、流入院子。

游客们行走在古城院落街巷之间，还能沉浸式领略传统文化的魅力。这里不仅有山东快书、柳子戏、鲁绣等非遗文化的展示，还有传统手工、文创产品

---

① 《济南明府城"渐进式"改造　老街区焕发新活力》，新华社，2017 年 8 月 20 日。

俯瞰百花洲（摄影 徐怀强）

百花洲历史文化街区（摄影 顾浩）

等，游客们在此逛集市、赏民俗、听曲艺……别有一番风味。在 2020 非遗与旅游融合发展优秀案例中，百花洲历史文化街区上榜。2024 年 4 月，街区重装亮相，制陶工艺区、织绣工艺区、木作工艺区、雕塑工艺区、摹拓工艺区、绘画工艺区、雕塑工艺区风格迥异，陈列的 21 个非遗项目让游客大开眼界。

更加时尚、新潮的业态让夜晚的明府城更富魅力。2020 年，第六届中国非物质文化遗产博览会抛却了以往思路，选择了明府城片区的山东国际时尚创意中心，5 天的时间吸引了近 10 万人次来现场打卡。山东国际时尚创意中心将原来的红尚坊及泰府广场融为一体，以时尚文化为主题的产业项目逐步进驻创意中心。这里不仅有现代新潮的运动服饰，以交友、文化交流为主的互动空间，融潮流美食、网红商品为一体的商超，还有国际级时尚服装、服饰、化妆秀场表演，为消费者提供了更加多样、个性的产品和项目，满足了不同群体的消费需求和精神文化追求，逐渐成为泉城市民的新"打卡"胜地。

在中共济南市第十一届委员会第十一次全体会议确定的"东强、西兴、南美、北起、中优"城市发展新格局中，明府城片区城市更新项目是"中优"战略重点项目。[1] 该项目以保护和更新为基本遵循，以突出历史文化和泉城风貌为核心，以"泉·城文化景观"申遗为抓手，凸显泉城特色，展现泉城魅力，打造宜居、宜业、宜行、宜乐、宜游的老城区。在未来规划中，明府城片区将构建精致高效的空间格局，构造济南古城业态体系，塑造文化街区生活场景。[2] 随着明府城改造逐步推进，济南这片传统特色浓郁的古街区被赋予了时代气息，终于焕发新的活力，新增的时尚元素吸引了越来越多的年轻人来此打卡，带动古城在"时尚而又古老"的独特资源中焕发勃勃生机。

---

① 《济南"中优"纳入"城市更新"主题，明府城片区更新已申报黄河文化重点项目》，《大众日报》，2021 年 11 月 24 日。

② 《文字解读：济南古城（明府城片区）"十四五"发张规划》，历下区发展和改革局，2023 年 5 月 19 日。

2. 系统更新带来华丽蝶变

在济南市区东北部有一座历史名山，原名"华不注山"，其名取自《诗经·小雅·常棣》之中的"常（棠）棣之华，鄂不铧铧"。"华"即为"花"，"鄂不"即为"萼枎"，谓之花蒂，"华不注"意为此山犹如花朵注于水中。华不注山海拔197米，素以奇秀而闻名，又因其形状如未开放的莲花而被称作"出水芙蓉"。诗仙李白曾飘然到此，写下了流传千古的诗句："昔我游齐都，登华不注峰。兹山何峻拔，绿翠如芙蓉。"700年前，元代著名画家赵孟頫绘就《鹊华秋色图》，记录了济南华不注山和鹊山一带的山水渔樵、无限秋色，以解友人们的思乡之情。这就是今天的华山。

赵孟頫《鹊华秋色图》

岁月更迭，曾掩映山湖胜景、留迹古圣先贤的华山，却在几百年发展中，因环境无序、建筑破败、水灾不断，成了济南市出名的"脏乱差"大型城中村。据当地居民回忆，包括村子附近的整个片区都是坑坑洼洼的土路，晴天一身土、雨天一身泥，打车都要跑到一二千米外的二环路上，跑步锻炼更无从谈起，人员杂乱治安差，就连购物也没有大型超市。位于华山脚下的山头店村，地处洼地，每逢大雨，都会变成一片汪洋，无奈之下，只能整村搬上华山，居民日常

华山诗画般秋韵胜景（图片由济南日报报业集团提供）

出行很不方便。①

　　2006 年，中国科学院和中国工程院两院院士吴良镛先生率先提出"鹊华历史文化公园"概念，后又在大的空间体系上提出齐鲁文化轴的概念，将曲阜、泰山、华山作为齐鲁文化轴的三个主要节点。在济南城市格局上，鹊华二山和千佛山一起形成新的城市轴线。在吴良镛先生提出的济南山、河、湖、泉、城整体规划思路的基础上，华山片区改造各项规划策划工作高水平高标准启动。该项目聘请多家国内一流设计团队，先后启动片区概念性规划、城市设计、控制性详细规划和华山生态湿地修规等各专题研究和规划设计方案30 余项。②

　　鹊山、华山二山作为城市的双阙，对于重组济南城市空间结构具有重要意

　　① 《华山片区：昔日靠种田采石为生的村民如今过上了依山傍水的幸福生活》，海报新闻，2022 年 7 月 18 日。

　　② 《关于华山片区开发建设有关情况的介绍》，济南城市建设集团，2019 年 8 月。

义。在"东强、西兴、南美、北起、中优"城市发展新格局中，华山片区改造项目作为北跨的桥头堡，对整座城市空间发展战略意义深远。项目规划以华山为核心，一园四区为总体布局，同时开展交通、市政设施、文化、旅游、地下空间等多项系统的专项规划，建设成为以华山生态修复、功能提升和公共绿地建设为核心，集历史文化、生态景观、旅游、休闲、商务居住等多项功能为一体的大型城市综合体。

华山片区改造项目始终坚持以人为本，把保障和改善民生作为最高目标追求。片区总面积 14.6 平方千米，共有 24 个村落，其中 19 个村居需整体征收拆迁，待安置城乡居民约 37000 人，需新建安置和保障用房约 260 万平方米，是济南截至 2023 年底最大的单个建设项目。项目开工先建安置房、保障房，政府统一考虑办理过渡安置期的群众子女转学借读等事项，水电、暖气、消防、医疗、卫生、文化、体育、污水处置、轨道交通等基础设施一次配套建设到位。

鹊山脚下沉砂池朝映照（图片由济南日报报业集团提供）

为让居民享有优质教育资源，片区规划建设 1 所 12 年一贯制学校、2 所初中、4 所小学、9 所幼儿园。[①] 如今，这片 14.6 平方千米的土地俨然成了一座新城，不仅环境好、生态美，而且教育、医疗、交通、商业资源丰富完备，加之现代化的物业管理和网格员等制度，片区回迁居民切实尝到了高质量发展的"甜蜜果实"。

推动城市更新，需要具备规划定位、资金平衡、建设运营、统筹协调等综合能力才能有效应对各种挑战。华山片区改造项目在工作过程中始终坚持以民生为根本、以发展为目标、以问题为导向、以创新为手段，统筹运用好规划、土地和政策资源，逐步摸索出一条适合项目实际情况的发展模式。历城区政府作为征地拆迁责任单位，圆满完成片区各项征迁任务；滨河集团作为土地熟化单位，全面负责片区开发建设工作；中海集团作为开发企业积极参与各方合作，该项目初步探索出一条完全市场化运作，政府零成本、零投入、零风险的华山模式。

曾经一幅《鹊华秋色图》，浓缩了华山的秀美和历史。如今借名画之余晖点江山之异彩，当代济南人以勤劳与智慧重新创建城市、书写历史。未来一座宜居宜业宜游的新城将在这里崛起，不仅会重现美轮美奂的自然景观，也将延续和传承千年不断的历史文化脉络，更将人们的美好生活向往与自然山水相融，展现出一幅新时代的幸福画卷，重现鹊华烟雨，再续名山传奇。

3. 品质更新带来美好生活

济南经十一路棚户区改造项目被称为"总理项目"。2017 年 4 月，时任国务院总理李克强来济南考察时，曾经莅临这个项目指导工作。当时，在高楼林立的包围中，这里低矮的平房破败不堪，屋里既没暖气，又无上下水，常有一家几口人居住在仅 40 平方米的平房里。一位 87 岁的老人说，自己和老伴已经

---

① 《筑梦华山》，滨河集团，2017 年 2 月 21 日。

在这里住了 56 年，老人一直期待着啥时能住进新家。

2018 年 12 月 20 日，济南经十一路安置房项目正式开启棚改区居民回迁安置工作，首批 100 余户居民拿到了新房钥匙，兑现了济南市委、市政府作出的"让棚户居民提前一年住新家"的承诺。① 从项目正式开工到启动回迁，经十一路棚改项目仅用了不到 18 个月时间，就高标准高质量地建成了 17 栋、约 53 万平方米的安置房。从一年前破败老旧的"城市洼地"，到如今鳞次栉比的现代化住宅高楼，经十一路棚户区以不可思议的速度发生着翻天覆地的变化，交出了棚改攻坚的"济南答卷"。

棚改是民生工程，如何让棚户区居民通过棚改分享城市改革发展的红利？按照同地段新建普通商品房价格对拟征收房屋进行市场价评估、补偿；对建筑面积不足 43 平方米的房屋，按最低套型面积标准提供保障；及时调整临时安置费、搬迁补助费等相关补助标准，解决群众回迁过渡租房难题；通过政策"打包"对弱势群体实行特殊扶助……在普惠性做法的基础上，经十一路棚改项目将片区内区位最好地块作为安置地块，也就是紧邻经十路、阳光新路两条城市主干道，距离规划地铁口最近的 4 个地块，设计 15 种户型满足回迁需求，远多于商品房的户型数量。② 只有精准满足被征迁群众的多元化诉求，才能实实在在地提升征迁群众的获得感。

棚改征迁事关群众切身利益，政策性强，如何保障群众的知情权、参与权、监督权？棚改征迁的核心问题是补偿，在整个过程中，被征收户有各种各样的疑问，这些问题得不到让人信服的答案，就会成为群众解不开的心结，最终影响征迁进度。在济南，化解这一问题的办法，是全程信息公开、引入有效监督，让棚

① 《交钥匙啦！济南经十一路棚改区居民提前一年回迁安置》，齐鲁壹点，2018 年 12 月 20 日。
② 《高速度＋高品质！经十一路回迁安置房顺利交房 522 户》，济南电视台商务频道，2018 年 12 月 27 日。

改征迁工作在阳光下运行、阳光化操作，并实现制度化。经十一路棚改项目的政策、内容、程序、标准是全程全部公开的，可以说工作推进到哪里，信息公开就开展到了哪里，充分保障了群众的知情权、参与权和监督权。

棚改安居工程绝不该是劣质工程，怎么抓好工程建设与质量管控，将安置房打造成棚改居民的放心工程？时任市委领导多次强调，要"像给自己父母盖房子一样"高标准建设安置房。在楼座主体建设阶段，采用新型铝木模板，相比传统木模板，使用铝木模板进行混凝土浇筑后，成型质量更好。在室内装饰装修施工过程中，项目实行了分户型样板制度，15 个户型均在样板施工并验收通过后才进行大面积施工。在楼座外保温施工中，项目部对外墙锚栓进行了技术革新，确保外墙施工高品质。可以说，济南经十一路安置房项目实行全方位质量管控，从而让民生工程更安心。

通过棚改解决了房住的问题，怎样进一步确保回迁居民住得好、过上有品质的生活、基本生活服务不出"圈"、这种人民美好向往的生活，在经十一路棚改项目中，通过着力完善市政和公共服务配套，正在变成现实。棚改安置房前期策划，将安置房与同地段商品房一视同仁，统一规划建设公共服务设施和市政基础设施，确保安置房小区菜市场、超市、医院、学校、商场、公交线路等配套功能和公共服务一应俱全；在棚改回迁后，为防止安置房小区出现"一年新、二年旧、三年乱"现象，对安置房部分与商品房部分实施统一物业管理，并针对回迁居民出台专门优惠措施，为特殊群体发放物业补贴，让群众从"有得住"变为"住得好"。可以说，经十一路棚改项目的规划策划，既做到了大处着眼科学谋划全局，又实现了细处落笔服务保障民生。

棚改征迁工作涉及部门众多，程序复杂，如何建立行之有效的推进机制，向速度要成效？在济南市委、市政府强有力的领导下，通过强化市级"统"的机制，充分发挥好城市更新局的牵头作用；强化区级"担"的机制，积极实施区级领导"包干到组"制度；强化街道"兜"的机制，严格落实街道的属地管理责任。① 全市构建起市、区、街三级高效统一的领导机制，形成了全市一盘棋的整体合力，项目建设、施工等单位合力攻坚，项目一线人员负重拼搏、不舍昼夜，将征拆的难度有效转化为建设的速度。

在经十一路棚改项目推进过程中，始终坚持以人民为中心的工作导向，把群众利益放在第一位，不与民争利，最大限度地让利于民，是棚改工作深得当地群众支持感念的一大原因。2018 年济南市政府工作报告明确提出："确保到 2020 年全面完成棚改任务，绝不把棚户区带进小康社会。"最大限度地尊重和满足群众的诉求，不让群众因棚改征迁"吃亏"，自然能够赢得群众的广泛认可与支持，城市温度也在棚改征迁中得到进一步彰显。

（二）结语

习近平总书记指出，"城市建设必须把让人民宜居安居放在首位，把最好的资源留给人民"，"实施城市更新行动，加强城市基础设施建设，打造宜居、韧性、智慧城市"。近年来，济南以实施城市更新行动为抓手，着力传承延续城市文脉、提升城市居住品质和人民生活质量，不断增强人民群众的获得感、幸福感、安全感。

城市更新是推动强省会高质量发展的必然要求。随着黄河重大国家战略、新旧动能转换起步区建设、强省会战略等交汇叠加，济南拉开了"融河拥山、岳渎交汇"的大都市发展框架，面积超过 1 万平方千米，人口突破 1000 万，地区生产总值 1.2 万亿元，城市能级快速拉升，城市影响力不断提升。当前，全市常住人口城镇化率为 74%，已经步入城镇化较快发展的中后期。城市发展进入城市更新的重要时期，由大规模增量建设转为存量提质改造和增量结构调整

---

① 《棚改攻坚的"济南答卷"》，乐居网，2019 年 1 月 27 日。

并重，从"有没有"转向"好不好"。在这一时期，必须以城市更新统领城市建设，向存量资源要空间、要功能、要活力、要效益，推动城市结构调整优化、城市品质不断提升。

城市更新是提升群众幸福感的重要举措。过去，由于发展过程中侧重于追求速度和规模，城市的整体性、系统性、宜居性、包容性和生长性不足，导致交通拥堵、空气污染等"城市病"，影响了人居环境质量。未来一段时期内，济南市必须大力实施城市更新行动，推动城市开发建设方式转型，解决城市发展中的突出"城市病"问题，补齐基础设施和公共服务设施短板，从而让城市生活更美好。

三、和美乡村，留住浓郁乡愁
念好致富经

"三农"是历史命题，也是时代课题。全面建设社会主义现代化国家，既要建设繁华的城市，也要建设繁荣的农村；既要理顺"城"这一边，更要顾好"乡"这一头。在以中国式现代化全面推进中华民族伟大复兴的进程中，不能把农村落下、不能让农民掉队。党的十八大以来，从打赢脱贫攻坚战，到实施乡村振兴战略，再到努力建设农业强国实现农业农村现代化，十余年接续奋斗，神州大地上演了一场波澜壮阔的乡村巨变，一幅幅"产业兴旺、生态宜居、乡风文明、治理有效、生活富裕"的中国式现代化乡村振兴画卷正在徐徐展开。

在这幅壮美画卷中，有着济南和美乡村建设浓墨重彩的一笔。近年来，济南市牢记习近平总书记"打造乡村振兴齐鲁样板"的嘱托，感恩奋进，力挺省会标杆，坚持农业农村优先发展，着力推动乡村产业振兴、人才振兴、文化振兴、生态振兴和组织振兴，农村人居环境整治、和美乡村示范样板建设成效显著，城乡发展更加均衡、更趋协调，沃野乡间奏响振兴强音，涌现出以章丘区三涧溪村、历城区芦南村、长清区马套村等为典型代表的和美乡村，它们的蝶变无一不在诉说着中国式现代化进程中的济南乡村故事。

（一）沃野万顷打造乡村振兴齐鲁样板、省会标杆

1.章丘区三涧溪村：曾经"神仙都治不了"的地方，如今是如诗如画和美乡村

这是乡村吗？走进三涧溪，你不由得会生出这样的疑问。是的，这仍然是乡村，是已经颠覆了传统印象的乡村。这里不仅拥有城市的整洁便利、秩序井然，花园式的社区公寓楼和现代化的农业产业园、生态养殖示范区，还保留着乡村的山清水秀、浓浓乡愁，坐拥田园景致，郁郁葱葱，溪水潺潺。溪畔嬉闹玩耍的孩童，沐浴在暖阳下的老人，蓬勃向上的青壮年，都是美好生活的守护者和见证人。今天的三涧溪，再也不是贫穷的土地，而是农民安居乐业的美好家园。

三涧溪村全景（图片由济南日报报业集团提供）

三涧溪村的旧住宅（图片由济南日报报业集团提供）

这是一个习近平总书记牵挂的村子。2018 年 6 月 14 日，对于全村人来说，是一个特别幸福的日子。这一天，习近平总书记亲临考察，与乡亲们拉家常，倾听民声，嘘寒问暖。农民的生活事，都是总书记念念不忘的大事。看到村子在党建工作引领下，产业发展有力，集体经济壮大，生态环境秀美，村民的生活越来越好，总书记十分高兴，反复叮嘱，要加快构建促进农民持续较快增收的长效政策机制，让广大农民都尽快富裕起来。

曾经，三涧溪村是出了名的"问题村"。村子由三个自然村组成，但各村有各心，各种利益矛盾交织，干部队伍涣散，村级事务无序，集体经济薄弱，村里面貌多年不变样，连换了 6 任村支部书记也无济于事，被人称为"神仙也治不了的三涧溪"。

直到 2004 年高淑贞走马上任该村党支部书记。村子怎么发展？人心怎么凝聚？这些问题考验着高淑贞。她认准了，打开问号的关键就在于抓好党建、搞好支部、带好队伍，建设一支敢碰硬、能干事的班子，事事处处走在群众前头，领着群众干，做给群众看。

家是最小国，国是千万家。"党支部就是'家'字头上那一'点'，是村里各项工作的领导核心。"习近平总书记考察三涧溪村时，高淑贞就是这么跟总书记汇报的。总书记说："这个释义好。"这个释义正是在三涧溪村由乱到治、由穷变富、由弱到强的转变过程中一步步探索出来的。

乡村振兴，基层党组织至关重要。"村干部就是给群众跑腿的，不能坐在办公室里喝茶。"高淑贞朴实的话语，蕴含着她对基层党组织带头人的深刻理解。"原先村干部之所以威信不高，主要就是因为服务不到位、群众不认可。要想治好村子，首先要抓好班子，最好的办法就是服务。"几年来，村党支部实行"群众事、党员办"，引导党员积极参与村级事务，实施"一面旗帜"带动群众、"一线通"连接群众、"一张卡"便利群众、"一支队伍"服务群众、"一个职介所"致富群众。群众对哪一方面不满意，党支部就在哪方面下功夫，千方百计为乡

三涧溪村的新居民区（图片由济南日报报业集团提供）

亲们排忧解难。于是，三涧溪村委会从解决群众反映最强烈的"脏乱差"问题抓起，从人居环境整治到乡风文明、乡村治理，从垃圾收集、道路硬化、村庄绿化、河道净化到农房改造、污染治理、村落保护、基础设施建设，曾经的"问题村"来了个大变样。曾经的旧屋土房变成了青砖绿瓦的楼房，曾经的泥泞小路变成了宽阔笔直的柏油路，曾经浓烟滚滚的热电厂变成了绿色环保的产业项目。村里再现"绿树村边合，青山郭外斜"的田园景观。

一桩桩、一件件实事好事，就像一座连心桥、一股甘泉，拉近了党群距离，滋润了干群关系。共产党人的初心和使命，生动真实地体现在为村民谋幸福、为乡村谋振兴的点点滴滴奉献之中。在村党支部的带领下，三涧溪村先后荣获"全国民主法治示范村"、全国"平安家庭"创建先进示范村、"全国综合减灾示范社区"、"山东省级文明村"、"山东省历史文化名村"等荣誉称号。三涧溪村党委书记高淑贞作为列席人员参加了党的十九大，并被选为党的二十大代表，以她为村支书的党组织带领村民按照产业兴旺、生态宜居、乡风文明、治理有效、生活富裕的总要求建设乡村，让村子走上了全面振兴。

在三涧溪村座谈时，习近平总书记说，"农业农村工作，说一千、道一万，增加农民收入是关键"。调动广大农民的积极性和创造性，形成现代农业产业体系，实现一二三产业融合发展，多措并举增加农民收入，是乡村全面振兴的当务之急。三涧溪村正是顺着这个思路，走出了一条"农民钱袋子鼓起来、乡村产业旺起来"的乡村振兴之路。

从地理位置看，三涧溪村位于章丘城郊，紧邻济南"大动脉"经十东路。村头宽阔的柏油路，连接着城市，连接着市场，连接着富裕，连接着希望。村委会决定，充分发挥区位优势，发展壮大集体经济，走共同富裕的道路。

三涧溪村以农村集体产权制度改革为契机，以国有股份参与乡村振兴建设，建立国有股份投资、集体资产入股、村民合作社参与的合作发展机制。充分发挥集体经济的积极作用，将集体经济发展与农村基本治理单元结合起来，既有利于发展经济、保障农民权益，又能够全面提升农村社会治理水平。

对于先期引进的工业企业，积极推动新旧动能转换，促进产业整体提档升级。借助区位优势发展工业旅游，助推企业培育新的增长点。抓住章丘开通东环路、建设城东工业园和高校区的有利时机，村里成立三涧溪村建设项目服务公司，专门负责园区的管理服务，配合引进企业落户，承揽工程。这样，村里有了集体收入，农民也挣上了工资。

三涧溪村原本是一个经济空壳村，没有村办企业和支柱产业，很多家庭艰难度日，大多数青壮年劳力都外出务工。为此，村党支部创造性开展"联户带富"行动，每名村干部联系一户贫困户，让村民"人人有事干，户户都挣钱"，真正做到"一人富了不算富，大伙儿富了才算富"。村里针对不同群体，寻找不同的致富门路。对年轻的村民进行技能培训，介绍到村工业园和大学城工作；安排年老的村民从事绿化、保洁等工作。为增加农民收入，村党支部还引领村民进行土地"三权分置"，统筹盘活各类土地资源，建起农业生态示范园、农事体验园、采摘观光园和生态养殖示范区，开发古地道旅游，带动乡村旅游、餐饮等服务业，成立了养狐、养猪、养牛协会，带动了村民和周边劳动力的就业，也带动了村集体经济发展。发展特色农业、现代农产品加工业以及乡村旅游等，一件事情接着一件事情办，一年接着一年干，村民的致富路越走越宽，存款达到百万的家庭逐年增多，获得感、幸福感、安全感显著增强。

经过一番努力，三涧溪村终于拿出了一份令人振奋的成绩单：村里 800 多名劳动力在工业园的企业上班，月平均收入在 3000 元以上，乡亲们手头上的活多了、口袋变鼓了，心随着变宽了，邻里纠纷、信访矛盾也比以前少了。

凭借千年古韵，依托历史文化和自然风光等资源，三涧溪村已规划出"一村、两街、三溪、多区"的总体架构，整体打造田园综合体，体现出人文特色鲜明、古风时韵辉映、城乡生态交融的乡村产业发展特点。如今的三涧溪，正重拾古村曾有的荣光，奋力展现振兴的风采，既留住乡愁，也念好致富经。

2.历城区芦南村：从"靠山吃山"到守护"绿水青山"

芦南村位于济南市历城区港沟街道最南端，四面环山，现有村民222户，共620人。近年来，芦南村坚持党建引领、改革赋能，着力做好产业、生态、治理三篇文章，逐步走出了一条别具特色的乡村振兴发展之路，从原来的落后村变成了村美民富的明星村。

能人带村，强化基层党组织战斗力。芦南村曾经是远近闻名的深度贫困村，党组织软弱涣散。当时在外经营一家大型建材企业的贾虎平同志，积极响应乡贤回归号召，"临危受命"回村担任书记，从此开启了带领芦南村人艰苦创业的奋进之旅。贾虎平十几年如一日狠抓村班子建设，严格落实基层党建制度，每月首个周日召开"主题党日"，铸牢建强战斗堡垒，在急难险重任务面前，每一名班子成员都冲锋在前，"有难处找支部""有事儿找党员"成为全体村民的共识。贾虎平既是芦南村发展的设计师，又是冲在一线的泥瓦匠，与村民们想在一起、住在一起、干在一起，带领党员群众绿化荒山、发展产业、改造家乡，多次个人出资解决村庄发展难题，成为人人信赖的"主心骨"，2021年村两委换届再次高票当选"带头人"。芦南村党支部被评为"山东省先进基层党组织"、济南市"五星级党支部"，成为全市抓党建、促乡村振兴的一张亮丽名片。

改革活村，发展壮大集体经济。历史上的芦南村是典型的"空壳村"，人均仅有一亩薄瘠山地，村级资源资产固化，集体经济薄弱。芦南村以深化集体产权制度改革为抓手，全面核查村级"三资"底数，建立长效监管制度。组建股份经济合作社，统一管理运营资源资产，村民按股份每年分红。党支部领办成立农业开发专业合作社，全体村民以土地经营权入股，由一家一户分散经营转变为抱团闯市场，每年从合作社领取资源收益金2000元。引进项目管理公司，建立社企联营机制，整体开发集体资源，保证村集体固定收益。盘活宅基地资源，新增土地127亩，为土地流转、产业规划提供了空间。通过建立"党支部＋合作社＋企业"三位一体管理运营模式，全村资源要素充分放活，村级经济发展后劲持续增强，创造固定资产超4亿元，实现村集体年收入420万元。

产业强村，铺就共同富裕之路。芦南村多年来矢志不渝拔除"穷根"，致力于改造传统农业，努力打造三产融合新型业态，把产业链增值收益更多留给村民，从原先的"田不平，路不平，亩产只有二百零"的落后村，发展成了如今的"口袋富，脑袋富，家家都是小康户"的富裕村。近年来，建成30余亩的牡丹观光园、山楂高效产业示范园和2万平方米的智慧农业大棚，为市民游客提供赏花游玩、科普体验好去处，每年带动增收40余万元。开发生产牡丹花瓣茶、花蕊茶、山楂酵饮等系列产品，与当地农产品进行统一包装推介，打造了"芦南八珍"特色农产品品牌。着力搭建高端发展平台，做优做亮"三生三美"田

芦南村"封山造林"卓有成效（图片由济南日报报业集团提供）

园经济模式，投资 1.3 亿元建设了云台山郊野公园；投资 1.1 亿元开发核心面积达 3500 亩的云台山田园综合体，每年直接带动村集体增收 300 万元，芦南人实现了不离土不离乡就能增收致富的目标。

生态立村，夯实绿色发展底蕴。生态美是芦南人引以为傲的亮丽名片。为把"绿水青山"变成"金山银山"，村两委果断关停采石场、石料厂和石灰窑，出台禁止牛羊上山的村规，带领全体村民发扬愚公移山的精神，实施封山造林行动，共栽种各类苗木 120 多万株，退耕还林 500 余亩，荒山绿化率超过 80%。投资 1000 多万元建成了 15 个拦水坝，为保护生态和农业灌溉创造良好条件。着力在产业生态化和生态产业化上下功夫，依托"山、水、泉、林、田"等自然禀赋，整合全村自然和人文资源，发展休闲度假和康养文旅产业，与云台寺、玉漏泉、道教"芦芽真人"遗址等相互辉映，形成了独具特色的"春赏国花、秋观红叶、四季摘蔬果"全时序生态景观，"诗画田园、生态芦南"的旅游品牌

芦南村把"绿水青山"变成"金山银山"（图片由济南日报报业集团提供）

影响力不断扩大，成为城里人放松身心、享受慢生活的打卡地。今日的芦南村，山上郁郁葱葱，房前屋后花草环绕，一片生机勃勃的景象，成功入选"国家森林康养基地建设试点单位"。

文明兴村，打造"无忧"幸福生活。芦南村依托日益壮大的集体经济，持续加大基础设施和公共服务投入力度，不断提升村民生活幸福指数。为居民楼加装电梯，改善水、电、气供给方式，让全体村民过上和城里人一样的现代文明生活。在村内实行村民退休制度，为60岁以上村民按月发放退休金。修建村幸福院、日间照料中心，让老年村民安养天年。建立健全共建共治共享村庄治理体系，在村内实行网格化管理、无死角服务，党员承包"单元"，负责群众红白喜事操办、环境保洁、邻里纠纷调处、困难群众帮扶工作。加强正向引导，开展好人评选、好人线索推荐，塑造"芦南好人"品牌，大张旗鼓奖励宣传"孝诚爱德"典型。遵规守纪、文明有礼已内化为芦南人的良好习惯和自觉行动，打架斗殴、聚众赌博、上访告状、邻里纠纷等现象绝迹。先后荣获"山东省文明家园""山东省级文明村""山东省先进基层党组织"等荣誉称号。

3. 长清区马套村：党建联合体让"沉睡资源"醒来

马套村，这个无人知、无收入、无名气的小山村，曾经仅靠一条部队修建的柏油路与外面相连。如今，村两委通过带领村民以茶为媒，健全茶产业链，借势周边景区发展乡村旅游，实现了乡村振兴，甚至带动周边打造起了新型乡村区域化党建联合体。

马套村位于长清区万德街道最南端，地处泰山西北麓，三面环山，紧邻泰山西大门桃花源风景区。村子山场面积7000余亩，森林覆盖率达70%，有着得天独厚的自然资源与地理位置。全村有耕地1336亩，总人口1645人。

村子山深路短，坡陡地稀，马套村只能"靠山吃山，靠水吃水"，村民多以

马套村以绿色发展绘就乡村振兴新画卷（图片由济南日报报业集团提供）

开采石料与种植农作物维持生计。

现在，马套村积极发展茶产业与乡村旅游，茶园种植面积已经达到了700余亩，光炒茶车间所产生的实际收入就高达300余万元，旅游年收入达到1100余万元，村民过上了"月月有收入、年年有分红"的幸福生活。

马套村致富有"三件套"，"第一件套"就是用茶叶"套"住财富。

"靠山吃山"新路径。2008年，专家发现马套村的自然环境十分适合种茶，加上济南本地并没有茶产业，市场前景很好。

延长产业链。一开始，由于种植规模小、销路不畅，茶农们因茶卖不出去而发愁。且村子里的茶园大多由公司入驻经营，村民只能靠打工挣点小钱，最终的收益方还是公司。村两委通过市场调查发现，问题出在村子缺少加工环节。要想发展茶产业，就要扩大种植规模，建茶厂，延长产业链。

抓集体经济。资金和土地成了头号难题。村支部书记肖舒荣一上任，就提出成立茶叶合作社，鼓励两委成员和村民以土地或资金的方式入股。经过4年努力，茶产业链逐渐完善，茶产业逐渐发展壮大，经济效益显著提高，村民纷纷参与到合作社里来。

创村有品牌。作为最先出场的济南本地茶，马套村自行加工生产的品牌——马套将军山茶很快在济南的茶叶市场站稳了脚跟。2013年，在扩大茶叶种植规模的同时，村子还以茶产业为平台，结合特色旅游，建立了茶农耕体验观光区，让游客在青山绿水间采茶、饮茶、品茶，体验茶文化。

就这样，村子借助茶的优势，打造起了集采茶、炒茶、品茶、观光为一体的茶产业基地，集茶叶采摘、加工、包装、销售为一体的一条龙生产模式。

马套村致富"第二件套"，就是通过景村融合"套"牢游客。

愿意来。马套村紧邻泰山西大门桃花源风景区，借助这一天然区位优势，马套村于2015年搞起了将军山观光项目，将桃花源景区游客吸引过来。

玩得好。村子西北部修建起综合性游玩体验区，还开辟出农耕文化体验区。此外，该村还建有蔬菜采摘园，2018年又投资数十万打造2000多平方米的南方果蔬观光展示高效农业大棚，让游客足不出户就可品尝到南方水果的特有风味。

住得下。2016年，党支部牵头发起的马套将军山旅游合作社正式成立，采用资源整合、股份制经营，即"党支部＋合作社＋资金股东＋房屋股民"的方式，建起了各式各样充满乡村气息的民宿、餐厅和景点。

管理强。马套村两委以旅游合作社为平台，提出引进一笔资金，结交一个能人，招回一个人才的"三个一"战略，成功吸引30余名优秀人才返乡，组成了一支有经验、会管理、扛得起的创业团队。

宣传广。2016年8月，马套村又建起了电商平台，探索"互联网＋乡村旅游"的新路子，开通"马套将军山"微信公众号，与知名网站合作，宣传以茶产业和农家民俗为内容的乡村旅游。

就这样，马套村以茶产业为平台，以农耕文化为纽带，以临近泰山西大门为契机，使"文农旅商"有机结合，马套村的生态产业综合体越做越大，产业链越拉越长。

马套村致富"第三件套"，通过组建乡村区域化党建联合体"套"稳脚跟。

溢出效应。通过十余年的奋斗发展，长清区万德街道马套村开始名声在外，成为远近闻名的富裕村，全村80%以上村民从事茶叶和旅游产业，人均年收入达2.6万元，获评全国文明村镇、中国美丽休闲乡村，这里的茶、这里的乡村旅游，还有这个村庄发展的故事经常见诸各大媒体。济南市、长清区为发展乡村文化旅游，2018年10月，打造了一条以马套村为龙头、全程18千米的"齐鲁8号风情路"。马套村和周边拔山、马场、玉皇庙、房庄、张庄、界首、店台7个村庄一路通达，这条路让8个村庄形成了"一荣俱荣，一损俱损"格局。随着马套村游客增加，其他各村也纷纷成立旅游合作社，发展各具特色的乡村旅游，各村茶农也不用再为销路发愁，直接给马套村茶厂供货。

抱团发展。这条路把8个村串联起来，但是也让这几个村庄发展的"结节"显露出来——这些年8个村的发展如同家门口连绵的山，有起也有伏。马套村年集体收入超过200万元，而邻近的"穷亲戚"忙活一年还不到10万元。怎么办？穷村要致富，富村要转型，单打独斗的路径显然走不通，抱团发展才是正途。8个村地缘、血缘相近，在产业和资源等方面有着可以共同发展的纽带，但交流沟通明显不足，发展缺少整体规划，资源缺乏有效利用。于是，长清区摒弃治理片区划分的传统定势，打破管理区界限，坚持以村党组织联建为基本形式，科学合理规划，以相邻区域内"以强带弱"的理念建设了万德8号路区域党建联合体。济南市第一个农村区域化党建联合体应运而生，由山东省"担当作为好书记"肖舒荣担任第一任党委书记。联合党委成立以来，采取了"党建机制统一、人才选育统一、产业发展统一、村庄规划统一、社会治理统一、阵地建设统一"的"六统一"工作机制，将马套村先进的党建和发展经验复制推广到所辖另外7村，通过深入挖掘整合优势资源，旅游度假区、高山采摘园、灵芝产业园等相继落地。联合党委成立当年，7个经济薄弱村的集体收入由不到

10 万元增长到了 30 多万元。

党建联合体盘活了存量，积蓄了后劲，以点带面、连线成片，实现从"一点红"到"一线红"，让万德 8 号路不仅成为有名的"富民路"，更成为山东省乡村振兴的样板路。

（二）结语

民族要复兴，乡村必振兴。中国要变美，农村必须美。习近平总书记指出："全面建设社会主义现代化国家，实现中华民族伟大复兴，最艰巨最繁重的任务依然在农村，最广泛最深厚的基础依然在农村。"

全面推动乡村振兴，要坚持因地制宜的原则，每个村庄情况各不相同，不能脱离实际，不能急于求成搞"一刀切"，必须尊重群众意愿，一切从实际出发、按客观规律办事。不论三涧溪村、芦南村还是马套村，从它们的发展经验总能总结出一些相通的经验启示。

组织振兴是乡村振兴的"第一工程"。火车跑得快，全靠车头带。首先，要选好支部书记。三涧溪村的高淑贞、芦南村的贾虎平、马套村的肖舒荣的事迹证明，党组织带头人选对了，一个村尤其是后进村的状况，很快就能发生改变。要选准用好农村党组织书记，让基层群众找到"贴心人"和"领头雁"，为夯实农村基层基础、推动农村经济社会发展提供坚强保证。其次，要选优配强村级班子。要加大村两委干部选聘力度，把一大批有知识、有文化的优秀青年吸引到服务基层、服务群众中来，着力解决队伍老化、青黄不接、疏于管理等问题。还要全面加强党组织建设，以提升组织力为重点，优化村级组织结构，健全组织生活，不断增强基层党组织的创造力、凝聚力和战斗力，打造千千万万个坚强的农村基层党组织。

要因地制宜充分发掘乡村发展优势。习近平总书记指出："现代农村是一片大有可为的土地、希望的田野。"农村兼具生产、生活、生态、文化等多重功能，3个村的发展让我们看到了不断深化的农村改革、看到了农村发展的新活力。在这里，农村的新产业、新业态、新模式蓬勃发展，农村社会焕发出新气象。在全面推进乡村振兴的新征程上，我们要大力发展乡村旅游、休闲康养、电子商务等新产业新业态，统筹利用农村生产空间，壮大特色优势产业，以农村特有的资源禀赋和独特的历史文化为基础，提高农业、农村和农民的发展能力。

要切实发挥农民主体作用和创造精神。广大农民群众是农村改革发展的活力源泉。从实行家庭联产承包责任制、乡镇企业异军突起，到发展农民合作经济组织、建立健全现代乡村社会治理体制，农村改革的每一次突破和发展，都离不开农民群众的实践和智慧。从三个村的发展经验，我们也不难看出，激发人民群众自力更生、艰苦奋斗的内生动力，对于人民群众创造自己的美好生活至关重要。全面推进乡村振兴，必须进一步激发广大农民积极性、主动性、创造性，让农民成为乡村振兴的主体，充分发挥蕴藏在农民群众中的创造力量。

要形成持续健康发展的长效机制。全面推进乡村振兴具有长期性、艰巨性，要遵循客观规律，形成农业农村持续健康发展的长效机制。提升农民致富能力，强化乡村就业服务，稳定农民收入来源，让发展成为乡村振兴的有效办法、农民创造幸福生活的稳定途径。推动农村各类要素持续有效利用。依据乡村的独特优势、资源及发展潜能，科学设计乡村振兴计划和实施方案，鼓励和支持农民最大限度地把各类要素转化为乡村经济社会发展的强大动力。鼓励农民依托土地、林权、资金、劳动、技术等，开展多种形式的合作与联合，依法组建农民专业合作社、联合社。引导农村集体经济组织挖掘集体土地、房屋、设施等资源和资产潜力，依法通过股份制、合作制、股份合作制、租赁等形式，推动产业融合发展。

　　泉城大地，广袤乡村，处处涌动着勃勃生机。在希望的田野上，处处可见农民辛勤劳作、收获满满的幸福图景。强国必先强农，农强方能国强。在全面推进乡村振兴征程中，只要辛勤耕耘，勇往直前，就一定能够"办成更多像脱贫攻坚这样的大事难事，不断从胜利走向新的胜利"，干成一番新事业，干出一片新天地。

后　记

习近平总书记在党的二十大报告中指出："从现在起，中国共产党的中心任务就是团结带领全国各族人民全面建成社会主义现代化强国、实现第二个百年奋斗目标，以中国式现代化全面推进中华民族伟大复兴。"中国式现代化是我们党团结带领人民在长期探索和实践中历经千辛万苦、付出巨大代价取得的重大成果，是基于中国独特历史文化和国情、实现强国建设和民族复兴的唯一正确道路。为展现济南探索中国式现代化道路的的生动实践和创新发展，以新时代济南经济社会发展印证中国式现代化道路的可行性，彰显中国式现代化理论的科学性真理性，中央党校（国家行政学院）中国式现代化研究中心、中央党校出版集团所属国家行政学院出版社联合组织策划，中共济南市委组织部、中共济南市委党校（济南行政学院）组织编写了本书。

本书的编写得到了济南市委领导的高度重视和关心。中共济南市委常委、组织部部长、济南市委党校（济南行政学院）校长（院长）陈阳担任编委会主任，为本书把关定向。中共济南市委党校（济南行政学院）分管日常工作的副校长（副院长）、济南市社会主义学院院长扈书乘担任主编，直接领导本书的编写工作，中共济南市委党校（济南行政学院）校（院）委委员、教育长杨洪涛全程统筹指导，张讯负责具体编撰工作的组织和推进。撰写人员有石磊、魏建国、孟妹填、陈静、伍玉振、娄兆峰、张维昊、袁春晓、刘洋、黄文、贾珊、赵曜华、董旭辉。何爱云同志及科研部相关同志做了大量编校和联络协调工作，济南日报报业集团的惠铭生、王端鹏、肖明君、范俐鑫、卢霞等同志为本书的框架确定、修改润色做了大量的工作，济南市委、市政府相关职能部门、相关企事业单位为本书的调查研究提供了大力支持，济南日报报业集团、济南市摄影家协会、济钢集团有限公司等图片提供单位给予了重要支持。在此，向他们的辛勤劳动表示感谢。

国家行政学院出版社对本书的编写给予了关心和帮助。我们对所有关心、支持本书编撰出版的单位和个人，表示衷心的感谢！

对于书中的疏漏和不当之处，敬请各位领导、专家、广大读者提出宝贵意见。

编者

2024 年 12 月